UTB 3407

Eine Arbeitsgemeinschaft der Verlage

Böhlau Verlag · Köln · Weimar · Wien
Verlag Barbara Budrich · Opladen · Farmington Hills
facultas.wuv · Wien
Wilhelm Fink · München
A. Francke Verlag · Tübingen und Basel
Haupt Verlag · Bern · Stuttgart · Wien
Julius Klinkhardt Verlagsbuchhandlung · Bad Heilbrunn
Lucius & Lucius Verlagsgesellschaft · Stuttgart
Mohr Siebeck · Tübingen
Orell Füssli Verlag · Zürich
Ernst Reinhardt Verlag · München · Basel
Ferdinand Schöningh · Paderborn · München · Wien · Zürich
Eugen Ulmer Verlag · Stuttgart
UVK Verlagsgesellschaft · Konstanz
Vandenhoeck & Ruprecht · Göttingen
vdf Hochschulverlag AG an der ETH Zürich

UTB Profile

Iris Samotta

Demosthenes

A. Francke Verlag Tübingen und Basel

Dr. Iris Samotta lehrt Alte Geschichte an der Ruhr-Universität Bochum. Derzeit ist sie Stipendiatin der Gerda Henkel Stiftung.

Bibliografische Information der Deutschen Nationalbibliothek
Die Deutsche Nationalbibliothek verzeichnet diese Publikation in der Deutschen Nationalbibliografie; detaillierte bibliografische Daten sind im Internet über http://dnb.d-nb.de abrufbar.

Dischingerweg 5 • D-72070 Tübingen
ISBN 978-3-7720-8371-6

Gedruckt auf chlorfrei gebleichtem und säurefreiem Werkdruckpapier.

Internet: http://www.francke.de
E-Mail: info@francke.de

Titelabbildung: Profilansicht des Kopfes des Demosthenes, Ny Carlsberg Glyptotek, Kopenhagen, römische Kopie nach der griechischen Bronzestatue (Inv. 2782)

Einbandgestaltung: Atelier Reichert, Stuttgart
Satz: Arnold & Domnick, Leipzig
Druck und Bindung: fgb · freiburger graphische betriebe
Printed in Germany

ISBN 978-3-8252-3407-2
(UTB-Bestellnummer)

Inhalt

Einleitung

Ziel dieses Bandes ist es, einen umfassenden Überblick und einen erleichterten Einstieg in die Schwellenzeit zwischen der klassischen Epoche Griechenlands und dem anbrechenden Hellenismus zu bieten. Die primär personenbezogene Darstellung soll dabei helfen, die zugrunde liegende Materie – das nachklassische Athen und die alles verändernde Machtpolitik des 4. Jahrhunderts v. Chr. – leichter zu verstehen. Die Biographie des athenischen Redners und Politikers Demosthenes (384–322 v. Chr.) kann als Orientierung dienen, die genannte Umbruchzeit möglichst konzise zu begreifen. Obwohl die Frage nach dem Charakter der athenischen Demokratie im 4. Jahrhundert v. Chr. immer noch ein zentrales Thema der historischen Forschung ist, stand die Entwicklung Athens in dieser Epoche bislang sehr selten im Zentrum größerer, übergreifender Darstellungen und wurde vor allem in der universitären Lehre von der klassischen Epoche des 5. Jahrhunderts v. Chr. mit den großen Themen Perserkriege – Dualismus zwischen Athen und Sparta – Peloponnesischer Krieg und dem Aufstieg Makedoniens infolge des Eingreifens seiner schlagkräftigen Könige Philipp II. und Alexander III. in griechische Angelegenheiten überschattet.

Der vorliegende Band möchte dem Leser eine sehr komplexe, aber auch höchst spannende Zeit näher bringen. Dabei soll die Präsentation des Demosthenes und seiner Zeit nicht nur als Orientierungshilfe und Prüfungsvorbereitung im Rahmen der akademischen Ausbildung dienen, sondern auch als Darstellung eines geschichtlichen Paradigmas überzeitlicher Natur verstanden werden. Das ‚überzeitliche' Profil des Demosthenes gewinnt Kontur durch seine beispielhafte Haltung im Kampf um Freiheit (*eleutheria*) und Autonomie der griechischen Stadtstaaten. Er positioniert sich selbst als früher Vertreter der später so genannten *Balance-of-Power*-Theorie, welche heutzutage in der Politikwissenschaft als Modell der *Balance-of-Threat* modifiziert wird.

Daneben liegt die Fokussierung auf die Person des Demosthenes im Trend der derzeitigen deutschsprachigen Geschichtsforschung, in der wieder mehr Wert auf die Biographie als historische Wahrnehmung gelegt wird. Demosthenes war unbestritten der größte Rhetor der Antike – so antike und moderne Urteile –, jedoch wurde seine historische Rolle immer höchst kontrovers beurteilt: An ihm ist paradigmatisch die Entwicklung der modernen Geschichtswissenschaft und auch die Trennung der historischen und der philologischen Forschung abzulesen.

Athen im 4. Jahrhundert: Verfall oder Blütezeit der Demokratie?

Die ältere Forschung bewertete die im 4. Jahrhundert auftretenden Probleme als strukturelle Krisenerscheinungen und sah einen Bruch in der athenischen Demokratie in der Zeit des Regimes der ‚Dreißig', einer kurzfristigen oligarchischen Machtergreifung nach dem verlorenen Peloponnesischen Krieg (404/03 v. Chr.). Heute wird in der Forschung stärker die Kontinuität innerhalb der athenischen verfassungspolitischen Wirklichkeit betont. Man deutet das Streben nach Versöhnung und Ausgleich seit dem Sturz der ‚Dreißig' und der Wiedereinsetzung der demokratischen Ordnung ab 403 v. Chr. und die Weiterführung der Sammlung und Veröffentlichung von Gesetzen als klares Zeichen für eine kontinuierliche und stabile Entwicklung der athenischen Demokratie.

Balance-of-Power (BoP)-Theorie
In der internationalen Politikforschung galt bis 1985 die BoP-Theorie als das Erklärungsmodell der Bündnispolitik von Staaten unterschiedlicher politisch-militärischer Stärke. Allianzen werden gebildet, um eine Balance in den zwischenstaatlichen Beziehungen herzustellen, wobei sich die Bündnisse besonders gegen einen aggressiven und damit vermeintlich starken oder im Wachstum begriffenen Gegner richten, um dessen Hegemonialstellung zu vermeiden.

Balance-of-Threat (BoT)-Theorie
Seit der Studie von Stephen M. Walt (1985) ist darunter eine Bündnispolitik zu verstehen, die das angenommene oder reale **Bedrohungspotential** der einzelnen Länder als Grundlage einer Entscheidung für oder gegen eine Allianz nimmt. Angestrebt wird ebenso wie in der BoP-Theorie eine politisch-militärische Balance zwischen den Nationen (*balancing*), ursächlich gegen den vermeintlich stärksten und am aggressivsten auftretenden Staat gerichtet. Allerdings entscheiden sich schwächere Staaten gemäß der BoT-Theorie in der Regel für ein Bündnis mit dem militärisch stärksten Staat (*bandwagoning*), da sie ihr eigenes Sicherheitsbedürfnis unter der potentiellen Bedrohung (*threat*) höher bewerten als die Ausschaltung einer Hegemonialmacht.

Die Bedeutung von Demosthenes' Werk für die moderne Geschichtswissenschaft

Ein großer Vorteil für die wissenschaftliche Erschließung des Demosthenes ist die Masse an Selbstzeugnissen, die für die ansonsten überlieferungsarme Antike bemerkenswert ist, aus der schließlich schätzungsweise 97,5 Prozent der bekannten Literatur im Laufe der Jahrhunderte verloren gegangen sind. Neben dem *Corpus Demosthenicum* sind nur noch für M. Tullius Cicero, den spätrepublikanischen Politiker und Schriftsteller (106–43 v. Chr.), für den spätrömischen Kaiser Iulian Apostata (331–363 n. Chr.) und für den Kirchenvater Augustinus, Bischof von Hippo (354–430 n. Chr.), eigene Aussagen in vergleichbarer Menge überliefert.

Die Reden des Demosthenes – und auch die im *Corpus* erhaltenen Reden, die ihm zweifelsfrei nicht mehr zugeschrieben werden können, aber der modernen Geschichtswissenschaft durch ihre Zeitnähe dennoch wertvolle Informationen zur politischen Situation in jenen Jahren bieten – sind allerdings nicht nur relevant als Quellen für seine politischen Ansichten und für die Rolle Athens im Kampf gegen den Versuch Philipps II., eine Hegemonie in Griechenland zu etablieren. Sie beinhalten auch eine Vielfalt von Aussagen zur Verfassungs-, Rechts-, Sozial- und Gesellschaftsgeschichte Athens. Hierbei gilt es natürlich, die Einseitigkeit der Darstellung immer im Blick zu haben und zwischen der Intention der Rede und den für uns in manchen Fällen nur noch durch die Aussagen des Demosthenes überlieferten Grundstrukturen der athenischen *pólis* im 5. und 4. Jahrhundert v. Chr. zu unterscheiden. Die Aufgabe des Historikers im Umgang mit antiken schriftlichen Quellen ist somit nicht nur, die Quelle auf ihren Wahrheitsgehalt zu überprüfen – schließlich steht nur in den seltensten Fällen eine Parallelüberlieferung literarischer, epigraphischer, numismatischer oder archäologischer Zeugnisse zur Verfügung. Es geht ebenfalls darum, durch die in den Quellen beiläufig vorhandenen Informationen, die dem antiken Zuhörer bzw. Leser natürlich präsent waren, gewisse Lücken im Verständnis antiker Lebensverhältnisse zu schließen. Auf jüngere geschichtliche Epochen übertragen hieße das zum Beispiel, für eine Bewertung des zweiten Weltkriegs nur auf die Reden Winston Churchills angewiesen zu sein, und darüber hinaus sein Werk als Hauptquelle für die gesamte Verfassungs-, Rechts-, Sozial- und Gesellschaftsgeschichte Großbritanniens in jenen Jahren nutzen zu müssen. In einem rein quantitativen Vergleichsrahmen hieße es aber auch, dass Churchills Reden in einem Zeitraum von acht Jahrhunderten nur drei weitere ähnlich umfangreiche Corpora an die Seite gestellt werden können.

Überblick zum Werk des Demosthenes *(Corpus Demosthenicum)*
Diese kanonische Einteilung stellt die Reden nicht in eine chronologische Reihenfolge, sondern sortiert sie nach Gattungen innerhalb der antiken Rhetorik. Sie folgt der Ordnung der **Teubnerausgabe** von F. Blass (3 Bde. 1888–1892); man findet sie auch in der **Loeb-Ausgabe** von A.T. Murray *et al.* (7 Bde. 1930–1949). Die Reihenfolge entstammt der ***editio princeps***, der ersten gedruckt vorliegenden Ausgabe des **Corpus Demosthenicum** (Venedig 1504). Diese folgt wiederum den Manuskripten aus dem 10. und 11. Jahrhundert n. Chr. (Parisinus 2934, frühes 10. Jh.; Venetus Marcianus 416, 10./11. Jh.; Monacensis (Augustanus) 485, 11. Jh.).

Das **Corpus Demosthenicum** geht wohl auf die Katalogisierung des rednerischen Werks durch **Kallimachos** in der **Bibliothek von Alexandria** um 240 v. Chr. zurück; der Umfang der Sammlung entspricht den Titeln, die nach dem Tod des Demosthenes diesem zu Recht oder Unrecht zugeschrieben wurden.

Reden vor der Volksversammlung

1. 1. Olynthische Rede
2. 2. Olynthische Rede
3. 3. Olynthische Rede
4. 1. Rede gegen Philipp von Makedonien
5. Rede über den Frieden
6. 2. Rede gegen Philipp von Makedonien
7. Rede über die Insel Halonnesos (*dem Demosthenes zugeschrieben*)
8. Rede über die Angelegenheiten in der Chersones
9. 3. Rede gegen Philipp von Makedonien
10. 4. Rede gegen Philipp von Makedonien (*umstritten*)
11. Antwort auf den Brief Philipps von Makedonien (*dem Demosthenes zugeschrieben*)
12. Philipps Brief (*umstritten*)
13. Rede über die Syntaxeis (*Organisation der öffentlichen Finanzen*)
14. Rede über die Symmorien (*Steuereinteilung zur Finanzierung staatlicher Aufgaben*)
15. Rede für die Freiheit der Rhodier
16. Rede für die Einwohner von Megalopolis
17. Rede über den Vertrag mit Alexander von Makedonien (*dem Demosthenes zugeschrieben*)

Gerichtsreden in politischen Prozessen

18. Rede über den Kranz (*gegen Aischines*)
19. Über die Truggesandtschaft (*gegen Aischines*)
20. Gegen Leptines
21. Gegen Meidias
22. Gegen Androtion
23. Gegen Aristokrates
24. Gegen Timokrates
25. Gegen Aristogeiton I (*dem Demosthenes zugeschrieben*)
26. Gegen Aristogeiton II (*dem Demosthenes zugeschrieben*)

Gerichtsreden in privatrechtlichen Prozessen

27. Gegen Aphobos I (*Vormund des Demosthenes*)
28. Gegen Aphobos II
29. Gegen Aphobos III
30. Gegen Onetor I
31. Gegen Onetor II
32. Gegen Zenothemis
33. Gegen Apatourios (*umstritten*)
34. Gegen Phormion (*umstritten*)
35. Gegen Lakritos (*umstritten*)
36. Für Phormion
37. Gegen Pantainetos
38. Gegen Nausimachos
39. Gegen Boiotos I
40. Gegen Boiotos II
41. Gegen Spoudias
42. Gegen Phainippos
43. Gegen Makartatos (*umstritten*)
44. Gegen Leochares (*umstritten*)
45. Gegen Stephanos I
46. Gegen Stephanos II (*dem Demosthenes zugeschrieben*)
47. Gegen Euergos und Mnesiboulos (*zur Finanzierung der Flotte*)
48. Gegen Olympiodoros (*umstritten*)
49. Gegen Timotheos (*dem Demosthenes zugeschrieben*)
50. Gegen Polykles (*zur Finanzierung der Flotte; dem Demosthenes zugeschrieben*)
51. Über den trierarchischen Kranz (*zur Finanzierung der Flotte*)
52. Gegen Kallipos (*dem Demosthenes zugeschrieben*)
53. Gegen Nikostratos (*dem Demosthenes zugeschrieben*)
54. Gegen Konon
55. Gegen Kallikles
56. Gegen Dionysodoros (*umstritten*)
57. Gegen Euboulides
58. Gegen Theokrines (*dem Demosthenes zugeschrieben*)
59. Gegen Neaira (*dem Demosthenes zugeschrieben*)

Preisreden

60. Rede auf die Gefallenen (*Epitaphios*)
61. Gedanken zur Liebe (*Erotikos: Lob auf einen schönen Knaben* (*in Briefform*)*; umstritten*)
62. Demosthenische Prologe (*Exordia; umstritten*)
63. Briefe (*Epistolai; umstritten*)

Die Wertschätzung des *Corpus Demosthenicum* in der Antike und im Mittelalter

Die im Vergleich zur üblichen katastrophalen Überlieferungslage antiker Quellenzeugnisse außergewöhnlich gute Tradierung der Reden des Demosthenes in Bezug auf Vollständigkeit und Kontinuität lässt auf eine gleichmäßig hohe Abschreibfrequenz seiner Werke bis in die Neuzeit, das heißt, bis zur ersten in Venedig gedruckten Edition im Jahre 1504 schließen.

Worauf gründete sich die Wertschätzung des Demosthenes in Antike und Mittelalter, so dass er als einer der wenigen antiken Autoren die Überlieferungshürden mühelos überwinden konnte, die sich in der Spätantike seit dem 4. Jahrhundert n. Chr. aus dem Wechsel des Überlieferungsträgers von der Papyrusrolle zum Pergamentcodex und während der sog. ‚Makedonischen Renaissance' im 9. und 10. Jahrhundert n. Chr. im byzantinischen Reich aus dem Wechsel der Schreibform von der Majuskel- zur Minuskelschrift ergaben?

In erster Linie ist hierbei das durchgängig hohe Prestige des gesprochenen Wortes im Altertum zu beachten: Die öffentliche Rede, vor allem die politische und die Prozessrede, genoss neben der rhetorischen Fachschriftstellerei großes Ansehen als eigenständige Literaturgattung, und ihre Beherrschung war unabdingbar für die Ausübung eines öffentlichen Amtes und für eine längerfristige Einflussnahme innerhalb der politischen Gemeinschaft im mediterranen Kulturraum. Die politische Karriere des Demosthenes wurde in der gesamten Antike durchaus ambivalent beurteilt, über sein rednerisches Werk war man sich allerdings einig: Er galt als „der Redner", der über die Jahrhunderte stilbildend in den Rhetorik-Schulen, aber auch auf den öffentlichen Plätzen der Debattenkultur wirkte. Im Gegensatz zu seinen Zeitgenossen pflegte Demosthenes innerhalb des attischen Dialektes einen variationsreichen und individuellen Stil, der das Temperament und das Engagement des Sprechenden durch eine starke Rhythmisierung und die Ausnutzung einer sehr freien Satzstellung deutlich machte. Seit der Übergangsphase von der späten Republik in die frühe Kaiserzeit in der zweiten Hälfte des 1. Jahrhunderts v. Chr. hatte sich in Rom der sogenannte Attizismus, eine Hinwendung zur griechischen Rhetorik der klassischen Zeit, die als wohltuend schlicht und nüchtern empfunden wurde, als beliebteste rhetorische Stilform durchgesetzt. Eine große Rolle spielte natürlich auch die Wertschätzung der kulturellen Errungenschaften der griechischen Klassik, die in der nun von den Römern dominierten Welt dem zeitgenössischen Griechentum gegenübergestellt wurde. Hierbei wurde allerdings von den ‚Klassizisten' gerne vergessen, dass es die Grammatiker von Alexandria waren, die in hellenistischer Zeit in ihrer Bibliothek für die Katalogisierung und Archivierung der klassischen griechischen Werke sorgten.

An dieser Stelle sei auf zwei Autoren verwiesen, die sich mit der sprachlichen Kraft des Demosthenes beschäftigten und die für seine ungebrochene Popularität bis in die byzantinische Zeit hinein sorgten: Dionysios von Halikarnassos, ein griechischer Rhetor und Historiograph (ca. 60–7 v. Chr.), der sich von 30 bis 8 v. Chr. in Rom aufhielt und eine „Römische Frühgeschichte" (*Antiquitates Romanae*) in 20 Büchern verfasst hat, behandelte Demosthenes in seiner Schrift „Über die alten Redner" (*De oratoribus veteribus*), die in Teilen (hier vor allem *De Demosthene*) erhalten ist. Lukian von Samosata am Euphrat, Rhetor und Satiriker (ca. 120 – nach 180 n. Chr.), hat aufgrund seiner Vorliebe für den sprachlichen Attizismus eine Lobrede (*Enkomion*) auf Demosthenes verfasst.

Somit war das *Corpus Demosthenicum* trotz seiner paganen Herkunft im spätantiken Kanon griechischer Beredsamkeit fest implementiert und überstand – durchgängig als Stilvorbild in den Rhetorikschulen des antiken Ostens eingesetzt – das Mittelalter bis zum Fall von Konstantinopel (1453). Schon vor diesem Zeitpunkt entstand im frühen 15. Jahrhundert in Italien bekanntermaßen wieder ein Interesse an lateinischen und griechischen Kunst- und Schriftwerken der Antike, nicht zuletzt gefördert durch den erhöhten Zufluss griechischer Manuskripte aus Konstantinopel: Seit der frühen Palaiologenzeit Mitte des 13. Jahrhunderts erwachte mit der Rückeroberung Konstantinopels erneut eine Rückbesinnung auf die klassische griechische Literatur, u.a. Platon, Aristoteles und Demosthenes, so dass bis in die späte Palaiologenzeit Mitte des 15. Jahrhunderts die Handschriftenproduktion stark zunahm. Unter dem Druck der osmanischen Bedrohung wurden schon vor der Belagerung Konstantinopels durch Mohammed II. viele Manuskripte sicherheitshalber nach Italien gebracht, darunter nicht nur die demosthenischen Reden, sondern auch die Beschreibung des Lebens des Demosthenes im biographischen Werk des Plutarch von Chaironeia, eines dem Attizismus zugeneigten Schriftstellers (um 45 – vor 125 n. Chr.). Plutarchs Werk, insbesondere die (noch erhaltenen) 22 *bíoi parálleloi* – Parallelviten, erfuhr durch die Übersetzung ins Lateinische und später in die europäischen Volkssprachen im 15. und 16. Jahrhundert eine große Verbreitung, wovon indirekt auch das *Corpus Demosthenicum* profitierte, erkennbar an der frühen Drucklegung seiner Werke in Venedig (1504).

Die geschichtliche Verortung des Demosthenes

Jedes Urteil über die historische Leistung des Demosthenes ist immer mit einem Verdikt über die makedonische Expansionspolitik verknüpft, hier insbesondere mit der Person des Makedonenkönigs Philipp II. (ca. 382 – 336 v. Chr.), seines Altersgenossen und ewigen Antagonisten.

Plutarch, Leben des Demosthenes 20,3-5

Nachdem Philipp die Schlacht bei Chaironeia siegreich geschlagen hatte, war er so außer sich vor Freude, dass er betrunken und feiernd mit seinen Gefährten zu den Leichen der gefallenen Griechen auf das Schlachtfeld zog und dabei immer wieder den Anfang des von Demosthenes beantragten Volksbeschlusses rezitierte: „Demosthenes, Sohn des Demosthenes, aus der Gemeinde Paiania beantragte dies …“.

Als Philipp allerdings wieder nüchtern geworden war und sich der Größe der Gefahr, die ihn bedroht hatte, bewusst wurde, war er im Nachhinein entsetzt über die Macht des Redners, der ihn gezwungen hatte, alles auf eine Karte zu setzen und den Entscheidungskampf um seine Person und die damit verbundene Vorherrschaft über Griechenland an einem Bruchteil eines Tages zu wagen. Der persische König dagegen erfuhr vom Ruhm des Demosthenes und schickte seinen Satrapen an der Ionischen Küste ein Schreiben mit der Anweisung, dem Demosthenes finanzielle Unterstützung zukommen zu lassen. Das persische Interesse sollte sich dabei vornehmlich auf ihn richten, da er als Einziger in der Lage schien, den Makedonenkönig abzulenken und durch Unruhen in Griechenland weiter festzuhalten.

Erläuterungen: Philipp: Philipp II., König von Makedonien (359 – 336); **Schlacht von Chaironeia** (August 338): Sieg der Makedonen über die vereinte griechische Streitmacht; **Volksbeschluss** (= *pséphisma*): nach eingehender Beratung durch Abstimmung in der *ekklesía* (athenische Volksversammlung) verabschiedetes Dekret; **Gemeinde** (= *démos*): territoriale Untereinheiten (Bezirke) von Attika und der Stadt Athen selbst; seit dem 5. Jahrhundert war die personale Zugehörigkeit zur einzelnen Deme erblich; identifiziert wurde der Vollbürger durch seinen Eigennamen, den Vatersnamen und den Namen der Deme: *Demosthenes, Sohn des Demosthenes, aus der Gemeinde Paiania;* **persischer König:** Artaxerxes III. Ochos (359 – 338); **Satrap:** Statthalter in den einzelnen Regionen des Vielvölkerstaates Persien.

Als Historiker muss man sich fragen, ob in diesem Falle eine Bewertung ex eventu vorliegt, das heißt, ob das historische Urteil über beide Persönlichkeiten stärker vom Ausgang der makedonischen Expansion, vielleicht sogar von der modernen historischen Betrachtung der nachfolgenden hellenistischen Epoche abhängt, oder ob die Leistung des Demosthenes auch schon von seinen Zeitgenossen als solche gesehen und diskutiert wurde. Die grässliche Szene aus der Demosthenes-Vita des Plutarch ist dem schwärzesten Tag der politischen Karriere des Redners entnommen: Sieges- und weintrunken zieht der Makedonenkönig mit seinen Kampfgenossen über das noch frische Schlachtfeld von Chaironeia und kostet seinen Triumph inmitten der Leichen seiner gefallenen Gegner aus. Dabei skandiert er den für einen athenischen Volksbeschluss notwendigen Eingangssatz, der den Antragsteller nennt, um ihn gegebenenfalls vor Gericht zu bringen, falls das Dekret später als gesetzwidrig angefochten wird. Im Falle des ‚Siegesgesangs' von Chaironeia nimmt Philipp bewusst Bezug auf den athenischen Politiker Demosthenes, Sohn des Demosthenes, aus Paiania (*Demosthénes Demosthénous Paianieús*), den er offenbar als Zentrum des griechischen Widerstandes ansieht. Und tatsächlich hatte es Demosthenes geschafft, einen zweiten Hellenenbund zu schmieden, der sich der makedonischen Streitmacht im August 338 v. Chr. in der Kephissos-Ebene östlich von Chaironeia militärisch entgegenstellte. Zwar konnten die vereinten griechischen Kräfte dieses Mal nicht die Erfolge des ersten Hellenenbundes (480/79 v. Chr.: Perserabwehr) wiederholen, jedoch war es Philipp II. – laut den spätklassischen und hellenistischen Quellen des Plutarch – bewusst, dass ihm diese Entscheidungsschlacht von Demosthenes aufgezwungen worden war und seine anfänglich diplomatisch geschickte Annäherungs- und Umarmungspolitik in Griechenland gescheitert war.

In den folgenden Kapiteln soll anhand ausgewählter Quellen erörtert werden, wie sich das makedonische Interesse an einer Einbindung in griechische Belange durch die Politik des Demosthenes zu einer Grundsatzfrage über die Fortdauer der *pólis*-Autonomie ausweitete und dadurch die fragile Balance der Machtverhältnisse im Ägäis-Raum nachhaltig erschüttert wurde.

Literatur

A. Dihle, Griechische Literaturgeschichte. Von Homer bis zum Hellenismus, München ²1991

A. Dihle, Die griechische und lateinische Literatur der Kaiserzeit. Von Augustus bis Iustinian, München 1989

A. Lesky, Geschichte der Griechischen Literatur, Darmstadt ³1971

D. M. MacDowell, Demosthenes the Orator, Oxford 2009

E. Pöhlmann, Einführung in die Überlieferungsgeschichte und in die Textkritik der antiken Literatur, I. Altertum, II. Mittelalter und Neuzeit, Darmstadt 2003/2008

1 Kindheit und Jugend des Demosthenes

Athen vor und nach dem Königsfrieden (387/86)

Der Peloponnesische Krieg endete 404 mit einer katastrophalen Niederlage für Athen. Nachdem die athenische Flotte bei Aigospotamoi im September 405 fast völlig vernichtet worden war und die Stadt sich daraufhin im April 404 nach einer sechsmonatigen Blockade durch die Spartaner bedingungslos ergeben musste, wurden seitens der Korinther und Thebaner Forderungen laut, Athen komplett zu zerstören und die Einwohner zu versklaven. Die Stadt entging zwar diesem Schicksal, verlor allerdings ihre Seemacht durch die Zerstörung der Befestigungen des athenischen Hafens Piräus und der sog. *Langen Mauern*, die den Hafen mit der Stadt verbanden, durch die Reduzierung ihrer Flotte auf 12 Schiffe und die erzwungene Räumung aller Besitzungen außerhalb Attikas. Die nun enge Anbindung an spartanische Interessen zeigte sich im erzwungenen Eintritt in den Peloponnesischen Bund und in der spartanischen Unterstützung des oligarchischen Regimes der ‚Dreißig' in Athen.

Erst der Sturz der ‚Dreißig' im September 403 und die spartanisch-persischen Auseinandersetzungen von 400 bis 394 um die Zukunft der ionischen *póleis* an der kleinasiatischen Küste eröffneten Athen ab 396/95 im Zuge des Korinthischen Krieges (395–386) die Möglichkeit, wieder eine von Sparta unabhängige Politik zu führen. Demosthenes sollte später (*Gegen Leptines* 68–69) davon sprechen, dass die Frage nach der Hegemonie über Griechenland zwischen Athen und Sparta zu dem Zeitpunkt erneut aufgerollt wurde, als Konon, der aus Athen stammende *nauárchos* der neuen persischen Flotte, im Sommer 393 persische Gelder zum Wiederaufbau der Hafenbefestigungen und der Flotte nach Athen brachte. „Persien wurde so zum Geburtshelfer der neuen athenischen Seemacht – eine Ironie der Geschichte, die eine Generation zuvor niemand für möglich gehalten hatte." (R. Schulz)

In einer klugen Schaukelpolitik verstanden es die Perser, die in den Zeiten des Peloponnesischen Krieges Sparta unterstützt hatten, nun die spartanische Vormachtstellung insbesondere in Kleinasien sukzessive zu unterminieren. Die Rollen der vormaligen ‚Unterdrücker' und ‚Befreier' wechselten jedoch nicht nur hier, sondern auch auf dem griechischen Festland, so dass der persische Großkönig Artaxerxes II. Mnemon auf der Konferenz von Sardeis im Jahre 386, zwei Jahre vor der Geburt des Demosthenes, durch seinen Satrapen Tiribazos allen Griechen eine *koiné eiréne*, einen allgemeinen Frieden, zu seinen Bedingungen diktieren konnte. Persien zeigte sich hier als der wahre Gewinner der innergriechischen Auseinandersetzungen seit der Mitte des 5. Jahrhunderts, jedoch sollte auch Athen von der sich bis 360 vollziehenden militärischen Schwächung und politischen Isolierung Spartas profitieren.

Friede des Antalkidas oder Königsfrieden (387 / 86 v. Chr.), von den Griechen als *próstagma* (Diktatfrieden) angesehen (*Isokr. or.* 4,175-176):
(Der persische Satrap) *Tiribazos ließ verkünden, dass jeder, der wolle, sich einfinden solle, um die Friedensbedingungen zu erfahren, die ihnen der* (persische) *Großkönig herabsende. Binnen kurzem waren alle versammelt und Tiribazos zeigte ihnen das königliche Siegel und verlas dann das Schriftstück, das folgenden Wortlaut hatte:*
„*König Artaxerxes* (II. Mnemon) *hält es für gerecht, dass die Städte in Asien* (= an der kleinasiatischen Küste) *ihm gehören und auch die Inseln Klazomenai und Kypros, und dass die übrigen griechischen Städte, kleine wie große, unabhängig sein sollen, ausgenommen Lemnos, Imbros und Skyros: Diese sollen wie in der Vergangenheit den Athenern gehören. Wer aber diese Friedensbedingungen nicht annehmen will, gegen den werde ich* (= Artaxerxes) *zu Lande und zu Wasser, mit meiner Flotte und meinem Gelde Krieg führen, und zwar mit denen zusammen, die diesen Frieden wollen.*“ ***(Xenophon, Hellenika 5,1,30-31)***
Erläuterungen: Lemnos, Imbros und **Skyros** waren noch vor dem Peloponnesischen Krieg von Athen erobert, ihre nichtgriechische Bevölkerung mindestens zum Teil in die Sklaverei verkauft und das Land an attische Bürger (*kleroúchoi*) verteilt worden. Die Inseln waren mit dem Ende des Peloponnesischen Krieges den Athenern genommen, aber vom athenischen Strategen **Konon** zurückgewonnen worden und blieben von da an jahrhundertelang in ihrem Besitz.

Der Zweite Athenische Seebund (378 / 77): Auswirkungen auf den Ägäis-Raum

Mit dem erneuten politischen Aufstieg Athens ging auch eine wirtschaftliche Konsolidierung einher. Da die Stadt der Zerstörung entgangen war, waren die Hafenanlagen Piräus und Phaleron weitgehend intakt, und die Fortifikationen konnten ab 393 neu errichtet werden. So kam nicht nur wieder Getreide und Holz in ausreichendem Maße nach Attika; gleichermaßen florierte auch der Handel innerhalb und außerhalb Attikas und die Arbeiten in den Silberminen von Laureion. Da die attischen Kleruchen im Jahre 404 nicht von den Inseln Lemnos, Imbros und Skyros vertrieben worden waren, hatten auch sie spätestens ab 392 eine zentrale Funktion in der Sicherung der Getreiderouten zum Schwarzen Meer und nach Attika zurück und produzierten gleichzeitig Getreide für die Märkte im Umkreis. Die Zusicherung des athenischen Besitzstandes im Königsfrieden von 387 / 86 bestärkte die *pólis* in ihrem Aufstieg, so dass die klassischen Exportgüter Wein, Oliven und Keramik und der Zwischenhandel mit dem Importgut Getreide Athen erneut zur wirtschaftlichen Blüte verhalfen. Gleichzeitig bestand durch die anhaltenden kriegerischen Auseinandersetzungen auch nach 404 ein Bedarf an militärischer Ausrüstung, der in den größeren Manufakturen im athenischen Gebiet befriedigt wurde. So besaß z. B. der Vater des Demosthenes eine ertragreiche Produktionsstätte für Schwerter, in der er bis zu seinem Tod im Jahre 377 eine größere Anzahl (33 oder 32) ausgebildeter Sklaven beschäftigte, und die nur einen Teil seiner beachtlichen Vermögenswerte darstellte.

In dieser Zeit entstand der von der modernen Forschung so genannte Zweite Athenische Seebund. Unter Bezugnahme auf die Bedingungen des Königsfriedens, vornehmlich auf die Autonomiegarantie für die griechischen *póleis*, schlossen die Athener schon 384 eine Symmachie mit Chios, einem früheren Bündner aus der Zeit des (ersten) Attisch-Delischen Seebundes, es folgten weitere Bündnisverträge mit ehemaligen *sýmmachoi*, nämlich Methymna, Mytilene und Byzantion. Schließlich kam es im Winter 378 / 77 zur Konstituierung des Bundes durch die Gründungsmitglieder Athen, Chios, Rhodos, Byzantion und Mytilene. Theben und Methymna traten im Frühjahr 377 bei. Inschriftlich ist ein Volksbeschluss der Athener aus dem Jahre 377 erhalten, das sog. *Aristoteles-Pséphisma*, das einen allgemein gehaltenen Beitrittsaufruf formuliert. Hier wird deutlich, dass sich dieser Aufruf (und damit die neue Seebundpolitik) ein klares Ziel setzte: die wirtschaftliche und politische Konsolidierung des Ägäis-Raumes unter athenischer Führung.

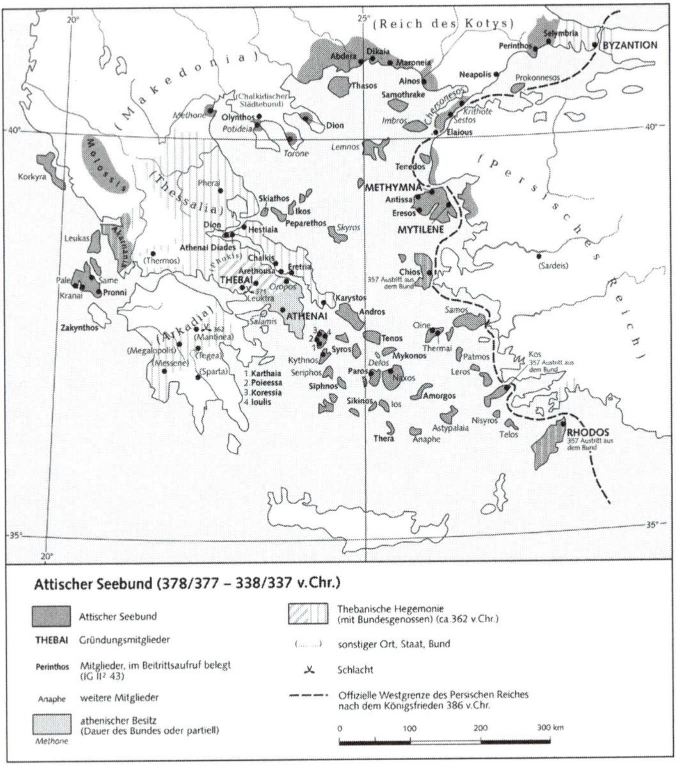

Abb. 1: Attischer Seebund (378 / 77 – 338 / 37 v. Chr.)

Damit sollte einerseits Sparta sukzessive aus der Rolle des Garanten der *pólis*-Autonomie gedrängt werden. Andererseits sollte die persische Großmacht sanft in ihre Schranken gewiesen werden, indem mit dem Hinweis auf die bestehenden Besitzverhältnisse, wie sie im Königsfrieden von 387 / 86 festgelegt wurden, dem Großkönig keine Möglichkeit gegeben wurde, den Zweiten Athenischen Seebund anders als „eine innergriechische Angelegenheit" (K.-W. Welwei) zu deuten. Gleichzeitig versuchte die athenische Seite, die Fehler des (ersten) Delisch-Attischen Seebundes nicht zu wiederholen: Vertraglich wurde den Bündnern *eleutheria* (Freiheit), *autonomía* (innere und äußere Unabhängigkeit im staatlichen Handeln), die Abwesenheit von athenischen Kontrollbeamten oder Kleruchen (Siedlern) und Abgabenfreiheit zugesichert.

Tatsächlich mussten die *sýmmachoi* (Bündner) keine *phóroi* zahlen, allerdings war das *synhédrion* (Bundesrat mit jeweils einer Stimme pro Mitglied unter Ausschluss von Athen) berechtigt, die zu leistende Beiträge (*syntáxeis*) für die Bündner festzulegen. Nominell konnte das *synhédrion* unabhängig von Athen agieren, jedoch mussten ihre Beschlüsse von der athenischen *ekklesía* nach eingehender Vorberatung verabschiedet werden. Gleichermaßen wurden die *syntáxeis* in athenische Hände zur Verwendung für Bundesangelegenheiten gelegt.

Betrachtet man die Struktur des Zweiten Athenischen Seebundes, so fällt das Bemühen Athens auf, die damals ‚neuen' Verhältnisse in der Ägäis zu konsolidieren und so auf Dauer dem persischen Großreich auf Augenhöhe zu begegnen. Der kaum kaschierte Führungsanspruch innerhalb des Seebundes ließ dann auch bald bei den Bündnern Zweifel aufkommen, ob ihre vertraglich zugesicherte Autonomie auch dann Bestand haben würde, wenn ihre Interessen denen Athens zuwider laufen sollten.

Aristoteles-Pséphisma

Z. 7–31: Aristoteles stellte den Antrag: Zum guten Glück der Athener und der Bundesgenossen der Athener, damit die Lakedaimonier die Griechen frei und autonom sein lassen und diese in Sicherheit und Ruhe ihren Besitz behalten, und damit der Allgemeine Friede, beschworen von den Griechen und dem König gemäß dem Vertrag, immerwährend gültig sei, beschließt das Volk: Wenn jemand von den Griechen oder Barbaren, die auf dem Festland oder auf den Inseln wohnen und sofern sie nicht Untertanen des Königs sind, wünscht, Bundesgenosse der Athener und ihren Bundesgenossen zu sein, so soll ihm das erlaubt sein, ebenso frei und autonom zu sein, sich die Regierungsform zu geben, die er will, keine militärische Besatzung aufzunehmen, keine árchontes oder die Zahlung von phóroi zu erdulden, sondern unter den gleichen Bedingungen zu sein wie schon die Chioten, Thebaner und andere Bundesgenossen der Athener. Denen, die das Bündnis mit den Athenern und ihren Bundesgenossen schließen, soll der démos alle athenischen Besitzungen überlassen, private oder öffentliche, die sich auf dem Land derer befinden, die das Bündnis schließen wollen. Darüber sollen sie Garantien erhalten.

Z. 46–50: Wenn jemand in kriegerischer Absicht gegen diejenigen zieht, die das Bündnis zu Lande oder zu Wasser geschlossen haben, leisten die Athener und ihre Bundesgenossen Beistand zu Lande oder zu Wasser und mit aller Kraft, so gut sie es können. ***(Inschrift aus Athen; 377 v. Chr., IG II² 43; z. T. ergänzt)***

Erläuterungen: Aristoteles: Antragsteller, nicht zu verwechseln mit dem bekannten Philosophen; **Lakedaimonier:** Spartaner; **Allgemeiner Friede** (*koiné eiréne*) hier: Königsfrieden von 387/86; **König:** persischer Großkönig; ***árchontes*** hier: fremde Regierungsbeamte, „Gouverneure"; ***phóroi***: Tribute; ***démos*** hier: Volk von Athen in seiner Gesamtheit.

Der Ephebendienst des Demosthenes (366 – 364): ein Blick auf die soziale Gliederung der athenischen Gesellschaft

Demosthenes entstammte einer wohlhabenden athenischen Unternehmerfamilie, die sich eher durch wirtschaftliche als durch politische Ambitionen hervorgetan hatte. Das durch den Betrieb von Manufakturen und geschickte Investitionen erwirtschaftete Vermögen betrug beim Tod von Demosthenes' Vater (377) ca. 14 Talente, somit zählte dieser zur Gruppe von Bürgern, die verpflichtet waren, außerordentliche steuerliche Abgaben zu leisten und Leiturgien zu übernehmen. Im Rahmen der *leiturgía* wurden im 5. und 4. Jahrhundert Bürger (aber auch Metöken) mit einem Mindestvermögen von 3 Talenten zur Finanzierung öffentlicher Aufgaben herangezogen, die von der Ausstattung einer Festaufführung bis zur Ausrüstung eines Schiffes der athenischen Flotte reichten. Später sollte Demosthenes seine innenpolitischen Gegner daran erinnern, dass seinen Vermögensverhältnissen gemäß zu seinen Verdiensten um den Staat die Ausstattung eines Chores (*choregía*), die einer Triere (*trierarchía*) sowie die Verpflichtung zur direkten Vermögenssteuer gehöre (*Rede über den Kranz* 257).

Obgleich sein Vater starb, als Demosthenes sieben Jahre alt war, konnte die Familie seiner Mutter ihm eine für seine Lebensverhältnisse adäquate Erziehung zukommen lassen: Während Mädchen im Elternhaus auf ihr zukünftiges Eheleben vorbereitet wurden (Haushaltsführung und Textilverarbeitung), bestand die für Knaben übliche Ausbildung aus einem Elementarunterricht in privat betriebenen, jedoch staatlich kontrollierten Schulen zwischen dem 7. und dem 12. Lebensjahr und – je nach finanziellen Möglichkeiten und Eignung – einem weiterführenden Unterricht bei einem *grammatikós*, der den sprachlichen und literarischen Zweig der Bildung vertiefte. Daneben standen für die Heranwachsenden musische und sportliche Übungen auf dem Programm, teilweise privat finanziert durch reiche Bürger im Rahmen einer *gymnasiarchía*, der *leiturgía*, die die Ausstattung des *gymnásion* und die Bezahlung der *paídotribai* („Trainer“) übernahm.

Plutarch spricht in seiner Biographie die vor allem im sportlichen Bereich mangelhafte Erziehung des jungen Demosthenes an (*Leben des Demosthenes* 4,4-7), die auf dessen kränklichen Gesundheitszustand zurückgeführt wird. Jedoch ist einerseits zu beachten, dass Plutarch aus Reden innenpolitischer Gegner wie z.B. Aischines (*Gegen Ktesiphon* 255) schöpft, andererseits auch die spätere rednerische Dominanz des Demosthenes, die mit einer robusten körperlichen Verfassung einhergehen musste, als ein Zeichen der Willenskraft des Redners deutet, dem es gelang, seine gesundheitlichen Nachteile zu überwinden.

> *Sie* (= die freigeborenen männlichen Athener) *werden in die Bürgerliste aufgenommen, wenn sie 18 Jahre alt sind. … Nach der Begutachtung der Epheben versammeln sich deren Väter phylenweise und wählen nach dem Eidschwur drei Phylenmitglieder von über 40 Jahren, die ihrer Meinung nach am besten für die Betreuung der Epheben geeignet sind, und von diesen wählt das Volk einen sophronistés für jede Phyle und von den übrigen Athenern einen kosmetés für alle. Nach der Versammlung der Epheben machen die Betreuer mit ihnen erst einen Rundgang durch die Tempel und lassen sie dann zum Peiraieus marschieren. Die einen lassen sich in Munichia, die anderen in Akte nieder. Man wählt für sie zwei paídotribai sowie Lehrer für Waffenkampf, Bogenschießen, Speerwerfen und Katapultieren. Jeder sophronistés erhält eine Drachme zum Unterhalt, die Epheben je vier Obolen. Der sophronistés kauft mit dem Geld seiner Phylenmitglieder für alle die Lebensmittel, sie speisen nämlich phylenweise gemeinsam. Das erste Jahr verbringen sie auf diese Weise. Im nächsten Jahr führen sie vor der Volksversammlung im Theater kriegerische Übungen vor und erhalten von der Bürgerschaft Schild und Lanze. Dann ziehen sie im Land umher und halten sich in den Festungen auf. In diesen beiden Jahren des Ephebendienstes in den Garnisonen tragen sie die chlamýs und sind frei von Abgaben. Sie können auch nicht vor Gericht belangt werden oder selbst Prozesse führen, damit sie keinen Vorwand zur Befreiung vom Ephebendienst haben, außer in einem akuten Erbschaftsfall oder bei der zwingenden Übernahme eines Priesteramtes. Nach Ablauf der beiden Jahre gehören sie zu den anderen Bürgern.* ***(Pseudo-Aristoteles, Athenaion Politeia 42)***

Erläuterungen: Bürgerliste: das von den einzelnen Demen geführte *lexiarchikón grammateíon* zur Erfassung aller Vollbürger, der Eintrag der Epheben diente als *dokimasía* (Eignungsprüfung); **Phyle (*phylé*, Pl. *phylaí*):** Binnenorganisation der athenischen polis mit erblicher Zugehörigkeit; ***sophronistés*, Pl. *sophronistaí*:** „Zuchtmeister"; ***kosmetés*, Pl. *kosmetaí*:** „Ordner"; **Peiraieus** (heute Piräus): Haupthafen mit drei natürlichen Buchten, 7 km von Athen entfernt; auf den zwei Hügeln **Munichia** und **Akte** befanden sich befestigte Garnisonen; ***paídotribes*, Pl. *paídotribai*:** Lehrer für das sportliche Training, „Trainer"; **Drachme:** attische Silbermünze mit einem Gewicht von 4,37 g in spätklassischer Zeit, sechs **Obolen** à 0,73 g ergeben eine Drachme (1 Obole: Verkaufspreis von drei Äpfeln oder einem kleinen Brot); ***chlamýs***: schwarzer Umhang, diente als Militärmantel.

Wie alle anderen jungen Athener, deren Bürgerstatus mit Eintrag in die Bürgerliste ihrer jeweiligen Deme konstituiert wurde, trat Demosthenes mit 18 Jahren seinen zweijährigen Ephebendienst an und wurde von seiner Deme Paiania dem Hoplitendienst der Phyle Pandionis zugeordnet. Um als schwerbewaffneter Fußsoldat in der Phalanx zu dienen, war die *ephebeía* als eine Form von Grundwehrdienst erforderlich. Die ausführliche Beschreibung innerhalb der *Athenaion Politeia* bezieht sich auf die reformierte *ephebeía*; nach der verheerenden Niederlage der Athener bei Chaironeia (338) wurden die Rahmenbedingungen der militärischen Ausbildung verschärft, indem eine durchgängige Kasernierung im ersten Ephebenjahr eingeführt wurde. Aber grundsätzlich lassen sich die in der Quelle beschriebenen Anforderungen und Tätigkeiten auch für die Ephebenzeit des Demosthenes annehmen.

Neben der notwendigen militärischen Schulung und dem Patrouillendienst im attischen Gebiet dienten die zwei Jahre vor allem dazu, die nun Volljährigen in die sozio-kulturelle Struktur des athenischen Vollbürgertums einzubetten und sie gemeinschaftlich mit den verschiedenen gesellschaftlichen und kultischen Pflichten vertraut zu machen. Der inschriftlich erhaltene Eid, den die Epheben am Ende ihres Dienstes im Heiligtum der Águlauros ablegen mussten, bezeugt das Ethos des athenischen Bürger-Soldaten und die symbiotische Verbindung zwischen den politischen, sozialen und religiösen Institutionen der klassischen griechischen *pólis*.

Ephebeneid

Ich werde diese heiligen Waffen nicht entehren.
Ich werde meinen Kameraden neben mir nicht verlassen, wo auch immer ich im Kampf eingesetzt werde.

Ich werde unsere religiösen und politischen Institutionen verteidigen.
Ich werde das Vaterland nicht kleiner, sondern größer und besser weitergeben, so wie es in meiner Macht steht und mit der Hilfe aller.
Ich werde denen gehorchen, die jeweils rechtmäßig und vernünftig herrschen und ebenso den Gesetzen, die bestehen und die in naher Zukunft rechtmäßig und vernünftig beschlossen werden.
Wenn jemand sie (d.h. die Gesetze und die auf ‚vernünftige' Rechtsnormen basierende *pólis*-Gemeinschaft) *zerstören will, dann werde ich das nicht zulassen, wie es in meiner Macht steht und mit der Hilfe aller.*
Ich werde die traditionellen Kulte in Ehren halten und pflegen.
Zeugen sind die Götter Áglauros, Hestía, Enyó, Enyálios, Ares und Athena Areía, Zeus, Thalló, Auxó, Hegemóne, Heraklés, die Grenzsteine des Vaterlandes, Weizenfelder, Gerstenfelder, Weinstöcke, Ölbäume und Feigenbäume. ***(Inschrift aus Acharnai bei Athen; 479 v. Chr., wiederaufgezeichnet im 4. Jh.)***
Erläuterungen: Áglauros: mythische erste Priesterin der Athene, in ihrem Heiligtum am Abhang der Akropolis wurde der Ephebeneid abgelegt (Hdt. 8,53); **Hestía Prytaneía:** Göttin des Herdfeuers, an sie richten die Epheben ihr erstes Opfer; **Enyó** und **Enyálios:** Göttin und Gott des blutigen Nahkampfes; **Ares** und **Athena Areía:** Kriegsgötter; **Thalló:** eine der Horen (Töchter des Zeus), „Blüte des Landes"; **Auxó:** eine der Chariten (Töchter des Zeus), „Gedeihen des Landes"; **Hegemóne:** eine der Chariten (Töchter des Zeus), „Wegführerin"
(weitere Überlieferungen: **Pollux 8,105-106; Stobaios 4,1,8**)

Literatur

M. Dreher, Hegemon und Symmachoi. Untersuchungen zum Zweiten Attischen Seebund, Berlin / New York 1995

P. Funke, Homónoia und Arché. Athen und die griechische Staatenwelt vom Ende des Peloponnesischen Krieges bis zum Königsfrieden (404 / 3 – 387 / 6 v. Chr.), Wiesbaden 1980

M. Jehne, Koine Eirene. Untersuchungen zu den Befriedungs- und Stabilisierungsbemühungen in der griechischen Poliswelt des 4. Jahrhunderts v. Chr., Stuttgart 1994

R. Urban, Der Königsfrieden von 387 / 6 v. Chr. Vorgeschichte, Zustandekommen, Ergebnis und politische Umsetzung, Stuttgart 1991

2

Demosthenes’ frühes öffentliches Auftreten

Die Vormachtstellung Thebens (371 – 362)

Während die Athener ihre neugewonnene Seemacht durch die Siege über die spartanische Flotte bei Naxos und Alyzeia in den Jahren 376/75 eindrucksvoll unter Beweis stellten, formierte sich in Boiotien, einer strategisch zentralen Landschaft in Mittelgriechenland, mit Theben als politischem Zentrum ein neuer Machtfaktor. Aufgrund der regionalen Nähe zu Attika hatte Theben schon während des Dekeleischen Krieges (413–404) wirtschaftlich in erheblichem Umfang von den athenischen Schwierigkeiten profitiert (*Hell. Oxy.* 20,3-4). Nach dem Frieden des Antalkidas oder Königsfrieden (387/86) wurde der Boiotische Bund zwar aufgelöst, er reformierte sich allerdings, nachdem die Thebaner die spartanische Besatzung von ihrer Akropolis (Burgberg), der Kadmeia, im Jahre 379 mit athenischer Hilfe hatten vertreiben können.

Somit hatten die Thebaner im Laufe der Jahre genügend wirtschaftliches und militärisches Potential angesammelt, um ihre Vormachtstellung in Mittelgriechenland vor allem gegen spartanische Interessen durchsetzen zu können. Der Konflikt mit Sparta eskalierte ab 373, als die Spartaner, die schon aufgrund der oben erwähnten Niederlagen den Traum von einer Seeherrschaft begraben hatten müssen, durch die expansive Politik Thebens innerhalb Boiotiens (Thespiai, Tanagra, Plataiai) und über Boiotien hinaus in der Phokis ihren Status als hegemoniale Ordnungsmacht zu Lande bedroht sahen, zumal die Thebaner seit 377 Mitglied im Zweiten Athenischen Seebund waren. Während einer Konferenz in Athen im Juli 371, die die Vorfälle in Phokis zum Thema hatte, wurden die Thebaner trotz ihrer Symmachie mit Athen auf Betreiben des spartanischen Königs Agesilaos II. explizit vom allgemeinen Frieden (*koiné eiréne*) ausgeschlossen.

Der Konflikt zwischen Theben und Sparta entlud sich schließlich wenige Wochen später militärisch in der Schlacht von Leuktra, die als großer Wendepunkt der spartanischen Geschichte gilt: Zum ersten Mal wurde ein spartanisches Heer in offener Feldschlacht besiegt. Neben dem psychologisch bedeutsamen Verlust des Nimbus der Unbesiegbarkeit war es eine demographische Katastrophe: König Kleombrotos und

400 der eingesetzten 700 Spartiaten starben im Kampf. Damit war die Zahl der spartanischen Vollbürger auf ca. 800 gesunken, somit auf nur noch 10 % der ursprünglichen 8000 Vollbürger aus der Zeit der Perserkriege (480 / 79).

Mit der taktischen Neuerung der sogenannten Schiefen Schlachtordnung gelang es dem boiotischen Heer unter dem Thebaner Epameinondas nicht nur, die eigene zahlenmäßige Unterlegenheit auszugleichen (ca. 3 : 2 zugunsten des Peloponnesischen Bundes), sondern auch Theben und den Boiotischen Bund als dritte Macht neben Sparta und Athen zu etablieren.

Papyrus Oxyrhynchos, Hellenika

12. Von der Aufstellung der Phalanx wurde gesagt, dass die Lakedaimonier ihre Enomotia in drei Gliedern aufgestellt hätten, so dass sie auf eine Tiefe von nicht mehr als zwölf Mann gekommen seien. Die Thebaner standen aber auf einer Tiefe von nicht weniger als fünfzig Schilden (= Männern), *da sie damit rechneten, dass der übrige Rest leicht zu bezwingen sei, wenn sie es nur schafften, den Flügel, auf dem der König* (Kleombrotos) *stand, zu überwältigen. 13. Als Kleombrotos den Marsch gegen die feindlichen Linien begann und sein Heer noch nicht merkte, dass er den Befehl zum Vorrücken gegeben hatte, waren die Reiter schon aufeinander geprallt und diejenigen der Lakedaimonier wurden geschlagen. Auf der Flucht ritten sie in ihre eigenen Hoplitenreihen, dabei dicht gefolgt von den angreifenden Thebanern.* ***(Xenophon, Hellenika 6,4,12-13)***

Erläuterungen: Phalanx: geordnete Nahkampfformation der Fußsoldaten, teilweise gestaffelt; **Enomotia:** kleinste spartanische Heereseinheit, ca. 32 – 36 Mann; **Hoplit:** schwerbewaffneter Fußkämpfer der Phalanx, Hauptwaffe: Stoßlanze; **Schiefe Schlachtordnung:** Verstärkung eines Flügels der Phalanx durch eine stärkere Tiefenstaffelung der Hoplitenreihen (50 Mann statt 12 Mann tief; evtl. in Keilform). Epameinondas verstärkte so massiv seinen (schwachen) linken Flügel, der dem (starken) rechten Flügel der Spartaner gegenüber lag. Dazu kam der **Kampf mit verbundenen Waffen:** enges Zusammenspiel der Reiterei mit der Hoplitenphalanx.

Bei der nächsten Konferenz in Athen zur Erneuerung des Königsfriedens im gleichen Jahr wurde zwar versucht, den Handlungsspielraum der Thebaner durch den Abschlusseid der teilnehmenden *póleis* zu begrenzen (*Xen. Hell.* 6,5,2), in der Folgezeit erwies sich jedoch das militärische Potential der Thebaner als übermächtig, und durch ein Bündnis mit dem Arkadischen Bund (370) konnte Epameinondas mit dem boiotischen Heerbann sogar auf der Peloponnes im messenischen Gebiet operieren, das traditionell im spartanischen Einflussbereich lag.

Mit der Abkehr vom politisch-militärischen Dualismus zwischen Athen und Sparta und ihren jeweiligen Bündnispartnern und der (erzwungenen) Öffnung auf eine weitergefasste Machtbalance im griechischen Raum wurde nun auch den Randgebieten eine höhere Aufmerksamkeit zuteil. Hierzu zählte Thessalien, eine ressourcenreiche Landschaft im Norden Griechenlands, die von alters her politisch lose zusammengebunden war. Der dominierende Mann jener Jahre, Iason von Pherai, seit ca. 375 *tagós* des Thessalischen Bundes, trat schon kurz nach der Schlacht von Leuktra als Vermittler zwischen den Kontrahenten auf und erreichte, dass die überlebenden Spartaner ungehindert abziehen durften. Nach seiner Ermordung im Jahre 370 zerbrach die politische Einheit Thessaliens und es entstand nördlich von Boiotien ein Machtvakuum, das Theben füllen wollte, wobei es in diesem Falle mit athenischen Interessen kollidieren sollte.

So kam es in den folgenden Jahren zu einer aggressiven Expansionspolitik Thebens und des Boiotischen Bundes, die sich potentiellen Verbündeten als neue Garanten einer *koiné eiréne* anboten. Die alten ‚Großmächte' Athen und Sparta schlossen daraufhin mitsamt ihren jeweiligen *sýmmachoi* im Jahre 369 ein gleichberechtigtes Bündnis. Durch fortlaufende regionale Konflikte geschürt eskalierte der Konflikt auf der Peloponnes schließlich militärisch und entlud sich in der Schlacht von Mantineia im Jahre 362. Wie Xenophon, der damit auch seine *Hellenika* beschließt, berichtet, gab es keinen eindeutigen Sieger: Zwar gewannen die Thebaner während der Schlacht militärisch die Oberhand, jedoch verloren sie im Kampf Epameinondas, ihre militärische und politische „treibende Kraft" (K.-W. Welwei). Die laut Xenophon ungelöste Frage einer dominierenden Ordnungsmacht in Griechenland führte dazu, dass in der kommenden Zeit Theben seine Interessen weder auf der Peloponnes, noch in Nordgriechenland (Thessalien und Makedonien) durchsetzen konnte und es nicht zu einer dauerhaften politischen Einigung, sondern zu einem „allgemeinen Erschöpfungszustand nach einem gleichsam innergriechischen Bürgerkrieg von sieben Jahrzehnten" (K.-W. Welwei) kam.

26. Mit dem Ende der Kämpfe war das Gegenteil von dem passiert, was alle Menschen erwartet hatten. Da sich fast ganz Griechenland eingefunden hatte, um gegeneinander zu kämpfen, gab es niemanden,

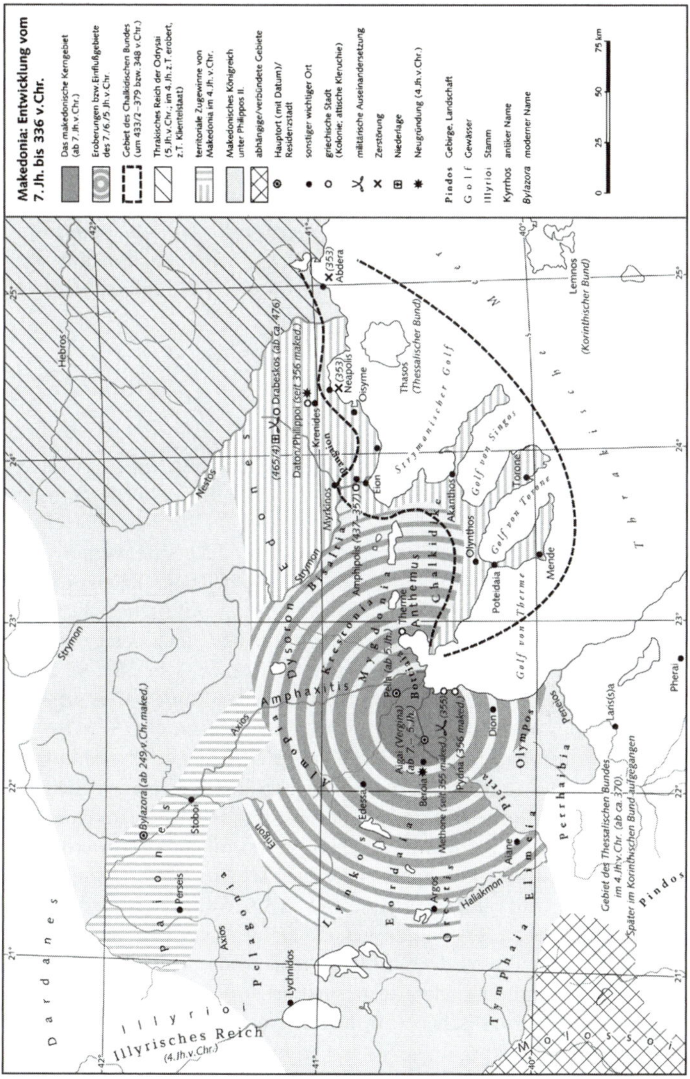

Abb. 2: Makedonien: Entwicklung vom 7. Jh. bis 336 v. Chr.

der nicht geglaubt hätte, dass nach einer Schlacht die Sieger herrschen und die Besiegten ihnen untertan sein müssten. Aber göttliche Fügung sah vor, dass beide Kontrahenten wie Sieger ihre Siegeszeichen aufrichteten und keiner den anderen am Aufstellen hinderte. Die Toten gaben beide wie Sieger unter Vertragsschutz heraus, ebenso empfingen sie ihre Toten unter Vertragsschutz wie Besiegte. 27. Jeder von beiden behauptete, gesiegt zu haben, doch keiner besaß nach der Schlacht an Land, an Gemeinwesen oder an Herrschaft mehr als der andere. Unordnung und Verwirrung wurden allerdings nach der Schlacht in Griechenland noch größer als sie vorher waren. ***(Xenophon, Hellenika 7,5,26-27)***

Philipp II. von Makedonien

„Drei Jahre nach der Schlacht von Mantineia trat Philipp II. die Herrschaft über die Makedonen an, und gut 20 Jahre später beherrschte er ganz Griechenland." (H.-J. Gehrke) Dieses Urteil der Forschung beschreibt in Kürze die Lebensleistung des Makedonenkönigs, dem es ähnlich wie Iason von Pherai oder dem Thebaner Epameinondas durch die Kombination aus militärischem und politischem Geschick gelang, seinen Herrschaftsbereich nicht nur aus einer tiefen Krise zu retten, sondern zur führenden Macht zu formen. Um 383/82 geboren, verbrachte Philipp, der jüngste Bruder des Königs Alexandros II. (370–368), mit dreißig weiteren vornehmen Makedonen von 369/68 bis 365 einige prägende Jahre als Geisel in Theben. Die Entsendung als diplomatisches Unterpfand für die Schiedsrichtertätigkeit der Thebaner in innermakedonischen Konflikten erwies sich für den späteren Makedonenkönig als außerordentlich lehrreich: Im Allgemeinen werden die strategischen und taktischen Neuerungen seiner Militärreformen, administrative Förderungen von städtischen Ansiedlungen nach dem Vorbild griechischer *póleis* und die genaue Kenntnis der unterschiedlichen politischen Bündnissysteme im Griechenland des 4. Jahrhunderts auf seinen Aufenthalt in Theben zurückgeführt.

Nach innerdynastischen Unruhen übernahm Perdikkas III., ein älterer Bruder Philipps, ab 365 die Herrschaft, bis er entweder 360 oder 359 im Kampf gegen die Illyrer mitsamt ca. 4000 Soldaten fiel und der nun 24-jährige Philipp als Vormund für seinen minderjährigen Neffen Amyntas IV. die Regentschaft ausüben sollte. Sofort einsetzende eigene Münzprägungen weisen auf Philipps schnelle Übernahme der Königswürde und die Festigung seiner Machtstellung gegen weitere Thronprätendenten hin. Er stellte makedonische Interessen im Gebiet der Chalkidike zurück, wobei er durch ein Bündnis mit Athen einen drohenden Zweifrontenkrieg vermied. So verschaffte er sich die Möglichkeit, durch militärisches Vorgehen gegen die Illyrer und Paionen, aber auch durch diplomatisches Geschick (Bestechungen) und eine dynastische Heiratspolitik die ererbten ‚Brandherde' zu löschen und einen Sicherheitsgürtel um die West- und Nordgrenze seines Herrschaftsgebietes zu errichten. Ab 359 konnte er sich gestärkt den von Makedonien aus südöstlich liegenden Gebieten Thessalien, der Chalkidike und Thrakien zuwenden.

Vormundschaftsprozesse (364 – 362) und Logographentätigkeit des Demosthenes

„Demosthenes ist der erste Mensch seit Erschaffung der Welt, über dessen Jugendgeschichte wir etwas Genaueres wissen." (W. Jaeger) Dieses Wissen verdanken wir Demosthenes selbst, der in seinen Reden im Rahmen der Vormundschaftsprozesse (*Dem. or. 27-31*) ausführlich seine Familiengeschichte darstellt. Wie die Quellenausschnitte zeigen, kann man sich nicht nur ein lebensnahes Bild der Einkommensverhältnisse der athenischen Oberschicht jener Jahre machen, sondern man erfährt auch aus erster Hand, wie sich der soziale Umgang in einer antiken *face-to-face society* gestaltete. Erst das erhaltene Briefcorpus des römisch-spätrepublikanischen Politikers und Schriftstellers M. Tullius Cicero sollte ca. 300 Jahre später wieder eine derartige Fülle an Informationen über die antike Lebenswelt beinhalten.

Wie Demosthenes minutiös darlegt, hatte sein Vater vor seinem Tod im Jahre 377 noch großzügige Maßnahmen zur Versorgung seiner Familie getroffen und dabei sein umfangreiches Vermögen in die Hände der drei von ihm als vertrauenswürdig erachteten Vormünder des jungen Demosthenes gelegt. Beim Eintritt in die Volljährigkeit im Jahre 366 wurde Demosthenes allerdings nur noch ein Vermögenswert von ca. 70 Minen ausgehändigt, obwohl der Gesamtwert des Vermögens beim Tode des Vaters ca. 14 Talente, also 840 Minen betragen hatte. Darüber hinaus wurden die Eheversprechen von den Vormündern nicht eingehalten, und somit waren die Witwe und die beiden Halbwaisen, im juristischen Sinne mittellos, auf die Fürsorge der Familie mütterlicherseits angewiesen. Klagerecht hatten in Athen nur Vollbürger, also erwachsene freie Männer mit einem gewissen Grundeinkommen, darüber hinaus war es im athenischen Recht vorgesehen, dass der Geschädigte selbst klagen sollte. Auch wenn die athenische Popularklage auch nichtbetroffenen Vollbürgern das Klagerecht anstelle des Geschädigten zusicherte, war im Fall der Vermögensveruntreuung durch die Vormünder natürlich zu beachten, dass zwei von ihnen, Aphobos und Demophon, Neffen väterlicherseits waren: Es ist zu vermuten, dass die Familie des Verstorbenen wenig Interesse an einem öffentlichen Skandal hatte. Demosthenes selbst konnte noch nicht bei Eintritt seiner Volljährigkeit klagen, da er zunächst die *ephebeía* absolvieren musste. Im Jahre 364 kam es dann zum Verfahren gegen die drei Vormünder, nachdem mehrere Versuche zur gütlichen Einigung gescheitert waren. Demosthenes bezifferte den Klagewert auf 30 Talente (*Dem. or. 27,59*), wobei er diese enorme Summe auf drei Prozesse (gegen die drei Vormünder) mit einem Klagewert von jeweils 10 Talenten aufspalten musste. Eine dramatische Wendung erhielt der Prozess, als wenige Tage vor Beginn Meidias, ein Bekannter des Aphobos, Demosthenes mit einer Vermögenstausch-Klage (*antídosis*) konfrontierte. Nach Übernahme der *leiturgía* war nun der Weg für Demosthenes frei: In einem ersten Prozess wurde Aphobos verurteilt, die Summe von 10 Talenten an Demosthenes zu zahlen. Man geht davon aus, dass sich daraufhin die beiden anderen Vormünder einer ebensolchen Verurteilung entziehen wollten und es zu einer privatrechtlichen Einigung kam. Trotz des juristischen Erfolges hat Demosthenes wohl nur einen Bruchteil der ihm zustehenden Summen erhalten.

Insgesamt gesehen merkt man den Prozessreden nicht nur das große rednerische Talent des Demosthenes an, sondern auch die pedantische Vorbereitung und die klare Disposition der einzelnen Punkte. Er scheint die Zeit seines zweijährigen Ephebendienstes als Vorbereitung gut genutzt zu haben: Plutarch (*Leben des Demosthenes* 5,6), berichtet vom Unterricht durch den Rhetoriklehrer und Logographen Isaios von Chalkis, einem in Athen ansässigen *métoikos*. So verwundert es nicht, dass sich Demosthenes nach diesen ersten Erfolgen vor Gericht selbst als *logográphos* („Redenschreiber") betätigte (z.B. für seinen Onkel Demon: *Gegen Zenothemis, Dem. or. 32*). Er sah im Gerichtswesen offenbar schon frühzeitig die Chance, sich innerhalb der Bürgerschaft einen Namen zu machen. Die athenische *heliaía* umfasste 6000 jährlich neu auszulosende *dikastaí* („Geschworene"), die täglich mithilfe eines komplizierten Mechanismus den einzelnen Gerichtshöfen (Kollegialgericht, *dikastérion*) zugelost wurden (*Ath. Pol. 63-67*). Je nach Streitwert wurden in Privatprozessen zwischen 201 und 401 *dikastaí* eingesetzt, in politischen Prozessen in der Regel zwischen 501 und 2501 *dikastaí*. Der

Prozessausgang wurde per geheim vollzogener einfacher Mehrheitsentscheidung festgelegt, wobei zumeist das rhetorische Können der Prozessbeteiligten den Ausschlag für die Entscheidung der Laienrichter gab. Kläger und Beklagter mussten sich zwar selbst vor Gericht vertreten, aber es war spätestens ab dem 4. Jahrhundert durchaus üblich, sich die vor Gericht vorzutragenden Reden von einem Logographen schreiben zu lassen. Demosthenes' Logographentätigkeit war wohl sehr begehrt, was dazu führte, dass er auch schon einmal in unterschiedlichen Prozessen mit dem gleichen Beklagten Phormion einmal die Verteidigungs-, einmal die Anklagerede verfasste (*Dem. or. 36* und *45*, um 349). Plutarch kommentiert dies mit der Bemerkung, Demosthenes habe beiden Prozessparteien (die Reden) wie aus einem Waffengeschäft stammende Dolche zum Kampf gegeneinander verkauft (*Leben des Demosthenes* 15,2). Außer dass sie der Positionierung im politischen Mächtespiel in Athen diente, war seine forensische Tätigkeit so einträglich, dass er schon im Jahre 359 die Hälfte einer Trierarchie übernehmen konnte, was ihm zusätzliches öffentliches Prestige in Form einer Kranzauszeichnung durch die athenische *boulé* („Rat der 500") einbrachte (*Dem. or. 51, Über den trierarchischen Kranz*).

Erste Rede gegen Aphobos

4. Ihr Richter, Demosthenes, mein Vater, hinterließ bei seinem Tode einen Besitz von fast 14 Talenten, mich, seinen Sohn im Alter von sieben Jahren, meine fünfjährige Schwester und seine Witwe, unsere Mutter, die ihm eine Mitgift von 50 Minen einbrachte. Er hatte sich um unser Wohlergehen Gedanken gemacht und legte, als er starb, sein gesamtes Vermögen in die Hände des Angeklagten, Aphobos, und in die des Demophon, Sohn des Demon, beides seine Neffen, der eine von des Bruders Seite, der andere von der Schwester Seite, und in die Hände des Therippides aus der Deme Paiania, kein Verwandter, aber ein sehr alter Freund. 5. Als Lohn für die Mühen sollte Therippides bis zu meiner Volljährigkeit den Zinsertrag aus 70 Minen erhalten, damit ihn Habgier nicht von der ordnungsgemäßen Verwaltung meines Vermögens abhalten solle. Demophon erhielt die Hand meiner Schwester mit einer Mitgift von 2 Talenten, die sofort auszuzahlen seien, und dem Angeklagten (Aphopos) *gab er meine Mutter zur Vermählung mit einer Mitgift von 80 Minen und das Recht, mein Haus und Inventar zu nutzen. Sein Gedanke war, dass sich diese Männer bei einer engeren Verwandtschaftsbindung noch stärker um meine Interessen kümmern würden. 6. Aber diese Männer, die sofort das ihnen zustehende Kapital vom Besitz des Vaters entzogen und die als meine Vormünder den Rest des Besitzes zehn Jahre lang verwalteten, raubten mir mein gesamtes Vermögen außer dem Haus, 14 Sklaven und 30 Minen. All dies, was sie mir aushändigten, hat einen Gesamtwert von 70 Minen. … 9. Ihr Richter, mein Vater hinterließ zwei wohlbestallte Betriebe. In einem wurden Schwerter produziert, und es waren dort 32 oder 33 Sklaven beschäftigt, die meisten von ihnen waren jeder 5 oder 6 Minen wert, niemand aber weniger als 3 Minen. Von jeder dort beschäftigten Arbeitskraft erwirtschaftete mein Vater einen jährlichen Betrag von 30 Minen. Der andere Betrieb mit 20 Sklaven produzierte Klinen, die Sklaven wurde meinem Vater als eine Sicherheit für eine Schuld über 40 Minen übergeben, was ihm einen jährlichen Betrag von 12 Minen einbrachte. Des Weiteren hinterließ er ein Talent als Geldsumme, wobei sich bei einer Zinsrate von einer Drachme pro Monat ein Zinsertrag von 7 Minen pro Jahr errechnen lässt. … 10. … Daneben hinterließ er als Betriebskapital Elfenbein, Eisen und Holz im Wert von 80 Minen, Gallapfel und Kupfer im Wert von 70 Minen, ein Haus im Wert von 3000 Drachmen, Inventar, Schmuck und persönlichen Besitz im Wert von 10.000 Drachmen und 80 Minen in Silbermünzen. … 11. … Dazu kommen noch verliehene Gelder im Wert von 8 Talenten und 50 Minen, so dass wir auf einen Gesamtbesitz von ungefähr 14 Talenten kommen.* **(Dem. or. 27)**

Rede gegen Meidias
78. Als ich als junger Mann den Rechtsstreit um den väterlichen Besitz gegen meine Vormünder in die Wege leitete, kamen der mir unbekannte Meidias (ein Freund des Aphobos) *und sein Bruder drei oder vier Tage vor Prozessbeginn plötzlich in mein Haus und forderten mich heraus, die Trierarchie zu übernehmen. Thrasylochos, sein Bruder, forderte diese Übernahme, jedoch war Meidias der Anstifter. 79. Zuerst drangen sie mit Gewalt in unsere Räume ein und gaben an, dass unter der Forderung diese in ihren Besitz übergehen würden; dann benutzten sie übelste Ausdrücke in der Gegenwart meiner Schwester, die damals ein junges Mädchen war und noch zuhause lebte – nichts könnte mich dazu bringen, diese Ausdrücke hier vor euch zu wiederholen –, und sie beschimpften meine Mutter, mich und meine gesamte Familie. Dazu wollten sie noch Taten den Worten folgen lassen und kündigten an, dass sie auch die von mir schon eingereichten Klagen gegen meine Vormünder fallen*

lassen würden. 80. … Da ich, ein junger Mann ohne Beistand, nicht den Anspruch auf mein Vermögen verlieren wollte, das sich damals noch in den Händen meiner räuberischen Vormünder befand, gab ich ihnen 20 Minen, die Summe, die sie bislang für die Trierarchie ausgelegt hatten. ***(Dem. or. 21)***

Erläuterungen: Demosthenes beschreibt die Bedingungen der ***antídosis*** (Vermögenstausch): Jeder vermögende Athener, der zu einer *leiturgía* verpflichtet war, konnte einen anderen Bürger anzeigen, der seiner Ansicht nach vermögender war und keine *leiturgía* übernommen hatte. Falls der Angeklagte sich weigerte, aber tatsächlich ein höheres Vermögen besaß, konnte er zum Vermögenstausch mit dem Kläger verurteilt werden.

Literatur

M. Errington, Geschichte Makedoniens: von den Anfängen bis zum Untergang des Königreiches, München 1986

H.-J. Gehrke, Jenseits von Athen und Sparta. Das Dritte Griechenland und seine Staatenwelt, München 1986

K.-W. Welwei, Das klassische Athen. Demokratie und Machtpolitik im 5. und 4. Jahrhundert, Darmstadt 1999

H. J. Wolff, Demosthenes als Advokat, Berlin 1968

3

Der Beginn der politischen Karriere

Der athenische Bundesgenossenkrieg (357 – 355)

Wie in den vorangehenden Kapiteln dargestellt, litten die griechischen Landschaften im 4. Jahrhundert weiterhin unter kriegerischen Auseinandersetzungen. Trotz der regelmäßigen Bemühungen um einen allgemeinen Frieden (*koiné eiréne*), der häufig nur den Charakter eines Atemholens vor dem nächsten militärischen Konflikt hatte und schnell zu einem diplomatischen Machtmittel verkam, da die jeweils stärkere Partei den Gegner entweder zu weitreichenden Zugeständnissen zwang oder diesen komplett aus den Friedensbedingungen ausschloss, wechselten sich eigentlich nur die Hegemonialmächte ab. Dabei war eine neue Machtkonzentration in den Randzonen (Thessalien, Makedonien) zu beobachten. Zu Lande bestand die athenische Bündnispolitik in diesen Jahren aus einer Vielzahl von Einzelaktionen, die darauf abzielten, eine Isolierung der jeweils stärksten Macht, in diesem Falle Thebens und des Boiotischen Bundes, zu erreichen und die eigenen Interessen, nämlich die Sicherung der Handelsrouten zum Schwarzen Meer, aufrechtzuerhalten.

Zur See gelang es den Athenern, mithilfe ihres neuformierten Seebundes das Ägäisgebiet weiträumig zu kontrollieren. Die wohl schon seit Gründung des Seebundes im Jahre 378/77 erhobenen *syntáxeis* ermöglichten es den Athenern, ihre Flottenpolitik exklusiv auf athenische Interessen auszurichten. Ein frühes Anzeichen des wiedererwachten athenischen Selbstbewusstseins war die Errichtung eines Altars für *Eiréne*, die Personifikation des Friedens, verbunden mit jährlichen Opfern und der Schaffung der *Eiréne*-Statue mit Plutosknaben durch den Bildhauer Kephisodotos. In der Forschung wird dies zumeist mit der unter persischer Vermittlung in Sparta durchgeführten Friedenskonferenz von 375 nach den athenischen Seesiegen bei Naxos und Alyzeia verbunden. In der Folgezeit kam es trotzdem wieder zu kleineren Auseinandersetzungen im Bereich von Zakynthos und Kerkyra (Xen. Hell. 6,2).

Zehn Jahre später war es den Bündnern klar, dass sich Athen wieder in den Bahnen des Delisch-Attischen Seebundes bewegte: Im Jahre 365 wurde unter Missachtung der Autonomiegarantie aus dem mehrfach

Abb. 3: Eirene (personifizierter Frieden) mit dem Knaben Plutos (Sinnbild für Reichtum und materielle Fülle), geschaffen von Kephisodotos d. Ä. für die athenische agorá, um 370 v. Chr.; römische Marmorkopie der Bronzestatue (Glyptothek München).

erneuerten und immer noch gültigen Frieden des Antalkidas oder Königsfrieden (387 / 86) die *pólis* Samos eingenommen, die Bewohner vertrieben und athenische Kleruchen dort angesiedelt. Zwar hatte der Satrap Tigranes zuvor auf Samos eine persische Garnison stationiert, was auch schon dem Autonomiegedanken des Königsfriedens zuwider lief, jedoch zielte die Annektierung von Samos und die weiteren dortigen Kleruchiegründungen 361 / 60 und 352 / 51 allein auf eine Erweiterung des athenischen Herrschaftsbereichs unter Ausnutzung der temporären Schwächung des Perserreiches infolge der sogenannten Satrapenaufstände. Einige Jahre später sollte Demosthenes in seiner Rede *Für die Freiheit der Rhodier* (*Dem. or. 15,9-11*) den Sachverhalt etwas anders darstellen und unter Verweis auf das damalige *Pséphisma* das Gebot der Respektierung des Königsfriedens und die Intention einer ‚Befreiung' der Samier von der unrechtmäßigen Garnison des aufständischen Satrapen in den Vordergrund rücken. Diese neue, ‚alte' Seebundpolitik wurde auch in der nördlichen Ägäis betrieben, so dass Athen bald gemäß dem samischen Beispiel Sestos und Krithote auf der thrakischen Chersonesos am Hellespont und auf der Chalkidike Poteidaia und Torone besetzte. Außerdem konnte mit den beiden Küstenstädten Methone und Pydna im makedonischen Einflussbereich ein Bündnis geschlossen werden. Das angestrebte Ziel der Sicherung der Getreideimporte aus dem Schwarzmeergebiet verfehlte Athen jedoch, weil sich mittlerweile Gründungsmitglieder des Seebundes wie z. B. Byzantion mit thebanischer Hilfe erfolgreich gegen die athenische Expansionspolitik wehrten (362 / 61) und Athens Vorhaben, Olynth, Zentrum des chalkidischen Städtebundes und ehemaliges Mitglied im Seebund, und die ehemalige attische *apoikía* Amphipolis oberhalb der Mündung des Strymon zu erobern, scheiterte.

Satrapenaufstände: regionale Aufstände der Satrapen Kleinasiens gegen die persische Zentralmacht; sie traten gehäuft in den Regierungszeiten von Artaxerxes II. Mnemon und Artaxerxes III. Ochos von den 370er bis zu den 350er Jahren auf.

Man darf natürlich nicht übersehen, dass auch viele kleinere *póleis* einen großen Nutzen aus ihrem Bündnis mit Athen zogen, wenn es um Fragen der Sicherheit gegen Piratenüberfälle oder die Beilegung regionaler Unruhen im Bereich der Satrapenaufstände ging. Jedoch wollten offenbar die größeren Bündner eine zukünftige Hegemonie Athens frühzeitig verhindern, und so kam es im Jahre 357 zum Austritt von Rhodos und Chios, denen Kos und Byzantion folgten. Alle vier ehemaligen Bündner schlossen sofort ein Bündnis mit dem persischen Satrapen Maussol(l)os von Karien (Halikarnassos), der nach dem Satrapenaufstand wieder in der Gunst des persischen Königs stand und die nach der athenischen Intervention auf Samos angespannte Beziehung zwischen dem Großkönig und dem athenischen Seebund für seine Ziele nutzte, nämlich die Stabilisierung seiner eigenen Machtstellung in der südöstlichen Ägäis: Ab 355 beherrschte er Rhodos, Chios und Kos durch einen von ihm herbeigeführten oligarchischen Umsturz auf den jeweiligen Inseln.

Nach dem gescheiterten Angriff auf Chios, Problemen beim Schutz der eigenen Kleruchien (Lemnos, Imbros, Samos) und einem Konflikt mit dem persischen Großkönig Artaxerxes III. Ochos um den Einsatz des athenischen Strategen Chares für den abtrünnigen persischen Satrapen Artabazos am Hellespont sah sich Athen der Gefahr eines drohenden Mehrfrontenkrieges ausgesetzt und musste schließlich den abtrünnigen Bündnern Rhodos, Chios, Kos und Byzantion Autonomie gewähren. Der Zweite Athenische Seebund wurde zwar nicht aufgelöst, jedoch konnten die Athener nie mehr an ihre maritime Bedeutung der Zeit vor dem Bundesgenossenkrieg anknüpfen.

Euboulos: die neue Finanzierung der athenischen Politik (354 / 53 – 343)

Der Bundesgenossenkrieg brachte Athen an den Rand der finanziellen Erschöpfung. Laut Demosthenes betrug das Staatseinkommen in dieser Zeit (355) noch nicht einmal 130 Talente. Demgegenüber schätzt die moderne Forschung allein die Ausgaben für die Volksversammlung, den Rat und die Gerichte auf mindestens 80 Talente jährlich. Eine Erhöhung der *syntáxeis* der verbliebenen *sýmmachoi* des Zweiten Athenischen Seebundes war schlichtweg unmöglich, da man derzeit den Bündnern, die auf den Schutz durch die athenische Flotte angewiesen waren, um ihre Handelsbeziehungen aufrecht zu erhalten, keine nennenswerte Gegenleistung anbieten konnte. Eine erzwungene Erhöhung hätte sicherlich einen erneuten Konflikt innerhalb des Bundes provoziert.

Vierte Rede gegen Philipp

37. … Vor geraumer Zeit überstiegen die Staatseinkünfte nicht 130 Talente, und es gab niemanden, der eine Triere ausrüsten oder Kriegssteuern bezahlen konnte, der sich weigerte, seinen auferlegten Verpflichtungen nachzukommen, da kein Geldüberschuss vorhanden war; die Trieren stachen in See, Geld wurde eingenommen, und wir alle erfüllten unsere Pflichten. 38. Danach hat die Gunst der Tyche die öffentlichen Einnahmen vermehrt; statt der 100 kommen nun 400 Talente herein, wobei kein begüterter Mann irgendwelche Einbußen erleiden muss, sondern sogar einen Gewinn erzielt; denn alle reichen Männer treten in Erscheinung, um ihren Anteil zu haben, und sie tun dies mit Recht. ***(Dem. or. 10)***

Erläuterungen: Tyche: Schicksalsgöttin, personifizierter Zufall.

In seiner *Vierten Rede gegen Philipp* (341 / 40) spricht Demosthenes von einem derzeitigen Einnahmevolumen von 400 Talenten. Wie konnte die „Gunst der Tyche" (*Dem. or.* 10,38) in etwas mehr als einem Jahrzehnt den angeschlagenen athenischen Staatshaushalt sanieren? Dies verdankten die Athener dem Euboulos, der ab 354 / 53 als einer der Verwalter der *theorikón*-Kasse über Jahre die Finanzen Athens mitbestimmte und durch eine geschickte Planung den Haushalt konsolidierte. Grundsätzlich konnte er bei der Umstrukturierung des Finanzhaushaltes in jenen Jahren auf ökonomisch gesunde Grundbedingungen zurückgreifen: Zwar war der verlorene Bundesgenossenkrieg eine finanzielle Katastrophe, aber Athen blieb mit seinen Häfen das bedeutendste

Handelszentrum in der östlichen Ägäis, das durch Erleichterungen im Handelsverkehr, z. B. eine Verfahrensbeschleunigung in Handelsprozessen, deutlich gestärkt wurde. Auch konnten moderne archäologische Forschungen nachweisen, dass die *chóra* („ländliches Gebiet") von Athen kontinuierlich stark besiedelt war und auch die Gewinne aus den staatlichen Verpachtungen der Konzessionen zur (privaten) Minenausbeutung in den Silberbergwerken von Laureion in diesen Jahren erheblich stiegen. Hierbei werden die jährlichen Emissionen der attischen Eulenmünzen ebenso als Beweise herangezogen wie die Überreste der Gruben und Erzaufbereitungsanlagen. Dadurch ergeben sich geschätzte 160 Talente als jährlicher Gewinn in der Zeit um 341 / 40.

Das athenische Steuersystem

Steuerpflichtig waren nur athenische Bürger und *métoikoi*, die genügend Besitz hatten, um Abgaben zu leisten, zumeist geht man von einem Grundvermögen von 3 Talenten aus.

Zwei Formen von Steuern sind zu unterscheiden: Die ***leiturgía*** („Leistung / Dienst für das Volk") und die ***eisphorá*** (direkte Vermögenssteuer).

Es gab ordentliche und außerordentliche Leiturgien. Zu den ordentlichen, regelmäßig wiederkehrenden Leiturgien gehörten u. a. die *choregía* (Ausrüstung und Aufführung eines Chores), die *gymnasiarchía* (Ausrüstung und Veranstaltung von sportlichen Wettkämpfen); hierbei sollte jeder vermögende Einwohner nur alle zwei Jahre herangezogen werden. Die wichtigste außerordentliche Leiturgie war die *trierarchía* (Ausrüstung und Unterhaltung einer Triere), für die man aufgrund der Kostspieligkeit nur alle drei Jahre herangezogen wurde, darüber hinaus konnte man sich auch eine Trierarchie teilen (*syntrierarchía*). Fühlte man sich zu Unrecht zu den Steuerabgaben herangezogen, konnte man ein *antídosis*-Verfahren anstrengen („Vermögenstausch").

Die *eisphorá* war eine außerordentliche „Kriegssteuer", zu der die Athener in der Zeit des Demosthenes fast regelmäßig herangezogen wurden. 378 / 77 wurden die ca. 1200 Steuerpflichtigen in 100 *symmoríai* („Steuergruppen") eingeteilt. Die 300 reichsten Steuerzahler waren zur *proeisphorá* (Vorauszahlung der gesamten Steuerlast) verpflichtet, die sie dann jeweils von den Mitgliedern ihrer *symmoría* wieder zurückfordern mussten. Bei einer Revision um 357 wurden die Symmorien umstrukturiert: 20 *symmoríai* mit jeweils 60 Mitgliedern sollten eine kontinuierliche Auffüllung der „Kriegskasse" gewährleisten.

Euboulos selbst war wohl im Amtsjahr 370 / 69 *thesmothétes* („Rechtssetzer") und somit ab 369 Mitglied des Areopags / *Áreios págos* („Hügel des Ares"), der zwar in vorperikleischer Zeit um 462 durch die Reformen des Ephialtes den größten Teil seiner Macht an die *ekklesía* und die Dikasterien hatte abgeben müssen, aber in der Zeit des Euboulos gewissermaßen eine Renaissance erlebte und nun als Beratungs- und Untersuchungsorgan der *ekklesía* fungierte. Im allgemeinen wird dem Euboulos von der modernen Forschung ein umfassendes ‚Krisenmanagement' zugeschrieben, das sich aus seinen früheren Tätigkeiten für die *pólis*, der Zugehörigkeit zum Areopag und offensichtlich guten politischen Kontakten zu führenden Mitgliedern der *boulé* („Rat der 500") ergab. Natürlich kam ihm auch die schon 378/77 erfolgte Einrichtung der Symmorien zugute.

Die Ämter der einfachen Verwaltung werden ausgelost, jedoch nicht das Amt des Verwalters der Kriegskasse, der Verwalter der Schauspielkasse und des Brunnenaufsehers. Diese wählen sie durch Handhochheben, und die Gewählten besetzen die Ämter von einem Panathenäenfest zum anderen. Durch Wahl besetzen sie auch die kriegswichtigen Ämter. ***(Pseudo-Aristoteles, Athenaion Politeia 43,1)***

Erläuterungen: Pseudo-Aristoteles beschreibt hier das Wahlverfahren für die beiden wichtigsten Haushaltskassen Athens: das ***stratiotikón*** („Kriegskasse") und das ***theorikón*** („Schauspielkasse"). Die Beamten dieser Kassen werden auf vier Jahre gewählt, „von einem Panathenäenfest zum anderen" (gemeint sind hier wohl die Großen Panathenäen, ein gymnischer und musischer Wettbewerb zur Ehren der Athene, der alle vier Jahre stattfand). Das *theorikón* verwaltete die öffentlichen Gelder, durch die den ärmeren attischen Bürgern der Besuch von religiösen Festen und dramatischen Aufführungen subventioniert wurde. Belegt ist die „Schauspielkasse" erst um 350 in der Zeit des Euboulos, es scheint sich aber nur um eine Umstrukturierung eines schon existierenden Fonds gehandelt zu haben. Die gewählten Verwalter (*hoi epí tó theorikón*) hatten in der Ära des Euboulos auch die Kontrolle über weitere öffentliche Gelder (z. B. öffentliche Bauprojekte, Verpachtung der Silberminen von Laureion, Subventionierung des Getreidepreises, Instandhaltung der Flotte) zugewiesen bekommen, was sie zur temporär mächtigsten Behörde Athens machte. Das *stratiotikón*, geleitet von einem *tamías* („Schatzmeister"), verwaltete Gelder, die zweckgebunden für militärische Operationen ausgegeben wurden. Ähnlich wie das *theorikón* ist das *stratiotikón* für die Zeit des Euboulos sicher belegt, aber Demosthenes erwähnt die „Kriegskasse" schon in seiner Rede *Gegen Timotheos* (*Dem. or.* 49,12) in den 370er Jahren. Teilweise wurden in das *stratiotikón* auch Überschüsse aus anderen Kassen eingezahlt.

Das Herzstück seiner Konsolidierung des athenischen Haushaltes war die Neugestaltung der *theorikón*-Kasse: Um auch weiterhin allen Bürgern unabhängig von ihrem Einkommen die Teilnahme an den polisübergreifenden und somit identitätsstiftenden religiösen und kulturellen Veranstaltungen zu ermöglichen, wurden die *theoriká* zur zentralen Kasse der *pólis*. Alle Überschüsse aus anderen Kassen flossen nun direkt in die *theoriká*, aus denen als ‚Schaugelder' und auch als Subventionen für Getreideeinkäufe die ärmeren Bevölkerungsschichten unterstützt wurden. Daneben wurden in der Ära des Euboulos derartige Überschüsse erzielt, dass die *theorikón*-Kasse nun auch in der Lage war, öffentliche Bauprojekte, z.B. im Bereich der athenischen Hafenanlagen und des Dionysos-Theaters am Südhang der Akropolis, zu finanzieren, wodurch weitere Arbeitsplätze geschaffen wurden. Ab 354 wurde die Kontrolle und Verwaltung weiterer Staatseinnahmen von anderen Kassen auf die *theoriká* übertragen, so dass man von einer wegweisenden Bündelung der finanziellen Ressourcen sprechen kann. Diese Umstrukturierung brachte auch für die vermögenden Bürger Vorteile: Ihre Steuerlast brauchte nicht erhöht zu werden, und gleichzeitig konnten sie durch Investitionen am wirtschaftlichen Aufschwung teilhaben.

Dies war nur möglich durch die strikte Trennung zwischen der *theorikón*- und der *stratiotikón*-Kasse, der nicht mehr automatisch die Überschüsse zugeteilt wurden. Die Bewilligung weiterer Zuwendungen an die „Kriegskasse" wurde in den folgenden Jahren zu einem großen innenpolitischen Thema in Athen, insbesondere in der Zeit der makedonischen Bedrohung bis 338. So ermahnte Demosthenes in seiner *Ersten Olynthischen Rede* aus dem Jahre 349 (*Dem. or. 1,19-20*) die Teilnehmer der athenischen Volksversammlung, dass das Verhältnis zwischen den für die *stratiotiká* benötigten Geldern und den für „die Festlichkeiten ohne Gegenleistung" zur Verfügung stehenden Geldern, gemeint sind die *theoriká*, ausgewogen sein müsse.

Insgesamt gesehen ist die Neuausrichtung der athenischen Finanzpolitik „nicht als prinzipieller Pazifismus" (G.A. Lehmann) zu deuten, sondern als Versuch einer langfristigen wirtschaftlichen Konsolidierung mit der Schaffung von kurzfristig freizugebenden finanziellen Reserven. Die Exponenten dieses ‚Sparkurses' waren überzeugt, die bislang vom Seebund gewonnenen Einflussbereiche halten zu können, ohne weitere militärische Wagnisse eingehen zu müssen.

Die ersten bedeutenden politischen Reden des Demosthenes: *balance of power*

Rede gegen Leptines
107. ... Wenn [in Sparta] *ein Mann in die gerousía gewählt wird, dann ist er Herrscher über die Vielen. Denn in Sparta bedeutet der Gewinn von hohem Ansehen, dass man sich mit den „Gleichen" das Herrsein im Staate teilt; aber bei uns ist der démos der Herr und jede andere Form des Herrseins ist durch die Gesetze und die Kontrollmechanismen im Staate verboten. Aber wir haben Ehrenkränze und Befreiungen von öffentlichen Verpflichtungen und ähnliche Belohnungen, die jeder gewinnen kann, der sich als guter Bürger erweist. 108. Beide Bräuche – in Sparta und auch hier – haben ihre Berechtigung. Warum? Weil in einem oligarchisch verfassten Gemeinwesen das Konzept der Isonomie dadurch erreicht wird, dass diejenigen, die die Herren des Gemeinwesens sind, untereinander gleich sind; aber die Freiheit eines demokratisch verfassten Gemeinwesens wird bewahrt durch den Wettbewerb der guten Bürger um die Belohnungen, die der démos vergibt.* ***(Dem. or. 20)***

Erläuterungen: ***gerousía:*** spartanischer „Ältestenrat", Bündelung der Staatskompetenzen; **die „Gleichen"** (*homoíoi*): Spartiaten; ***démos:*** das athenische Volk, hier: die Volksversammlung (*ekklesía*); **Oligarchie:** Herrschaft der Wenigen; **Isonomie:** Gleichheitsprinzip; **Demokratie:** Herrschaft des Volkes (*démos*).

In der Forschung werden die ersten politischen Reden des Demosthenes zumeist in den Zusammenhang der innerathenischen Richtungsänderungen in der Zeit nach dem verlorenen Bundesgenossenkrieg eingeordnet. Die Prozessreden *Gegen Androtion* (*Dem. or.* 22) und *Gegen Leptines* (*Dem. or.* 20) aus dem Jahre 355 / 54 und *Gegen Timokrates* (*Dem. or.* 24) aus dem Jahre 353 sind jedoch keine Zeugnisse einer programmatischen ‚Grundsatzrede' des Demosthenes für einen bestimmten Exponenten der athenischen Politik. Wie Demosthenes selbst in seiner Rede *Gegen Leptines* darlegt, bestimmte die Gesamtheit des athenischen Volkes in ihrer institutionalisierten Form als *ekklesía* („Volksversammlung") per Mehrheitsentscheid die Leitlinien der Politik. Durch ein ausgeklügeltes System von *checks and balances* wurden die innerathenischen Strukturen, wie z. B. die Finanzverwaltung und die Gerichte, aber auch die Leitlinien der Seebundpolitik jedes Mal von Neuem der Entscheidungskompetenz aller Vollbürger unterworfen. Wie im Falle der Gerichtsentscheidungen kam es allerdings auch vor der *ekklesía* nicht immer darauf an, die besseren Argumente zu haben, sondern die eigenen Argumente rhetorisch am überzeugendsten präsentieren zu können.

Demosthenes' großes rednerisches Talent, sein jahrelanges Training, seine logographische Tätigkeit und die ‚praktische' Übung in Privatprozessen hatten ihn vorbereitet für seinen ersten Auftritt vor der *ekklesía* im Jahre 354 mit einer ‚außenpolitischen' Rede, die vor einer militärischen Auseinandersetzung mit dem Perserreich warnte. In dieser Zeit war Athen aufgeschreckt durch die Rüstungsanstrengungen des Perserkönigs Artaxerxes III. Ochos, von denen man nicht wusste, gegen wen sie sich richteten. Da Artaxerxes schon in der Zeit des Bundesgenossenkrieges politischen Druck auf Athen ausgeübt hatte, war ein großer Teil der Bürgerschaft davon überzeugt, dass nur ein militärischer Präventivschlag unter Einbindung möglichst vieler griechischer *póleis* den Großkönig in seine Schranken weisen könnte. Betrachtet man die damalige Haushaltslage Athens, ist klar, dass Demosthenes zu Recht die politische Linie verfolgte, die in dieser Zeit von Euboulos eingeschlagen wurde: Athen konnte sich finanziell so kurz nach dem kostspieligen Bundesgenossenkrieg keine umfangreichen Rüstungen erlauben, da man noch keine neuen Rücklagen gebildet hatte und das *stratiotikón* aus den anderen Kassen hätte gespeist werden müssen. In der Symmorienrede machte Demosthenes nun einen Vorschlag, der die „Kriegskasse" auffüllen sollte, ohne dass es zu Lasten des *theorikón* ginge: Die Zahl der 1200 Steuerpflichtigen in den seit 357 neu strukturierten Symmorien sollte auf 2000 erhöht werden, gleichzeitig sollten die 20 *symmoríai* die direkte Verantwortung für jeweils ca. 15 Schiffe übernehmen, also eine Form der andauernden *trierarchía* (*Dem. or.* 14,16-24). Sein Vorschlag wurde von den Teilnehmern der *ekklesía* abgelehnt, sicherlich nicht zuletzt aus Angst vor neuen steuerlichen Belastungen.

Was die Symmorienrede allerdings auch auszeichnet, ist die treffende Beobachtung des Demosthenes, wie sich Athen am geschicktesten im Machtgefüge zwischen dem Perserkönig und den übrigen griechischen *póleis* verhalten könnte. Die Machtverhältnisse im Ägäisraum im 5. und 4. Jahrhundert sind mittlerweile insbesondere in der anglo-amerikanischen Forschung zu einem Paradigma der durch die Politologen Kenneth N. Waltz und Stephen M. Walt entwickelten *balance of threat*-Theorie geworden. Die Diskussion um einen möglichen griechischen Präventivschlag gegen den diplomatisch und militärisch aggressiv auftretenden persischen Großkönig zeigt einen klassischen Fall: Grundsätzlich besaß das Perserreich das höchste Drohpotential (*threat*), deswegen schätzte Demosthenes die Möglichkeit eines Bündnisses der kleineren griechischen Gemeinwesen mit Athen sehr niedrig ein, da sich schwächere Staaten aufgrund ihres eigenen Sicherheitsbedürfnisses eher an der militärisch aggressiv auftretenden und damit am stärksten erscheinenden Macht orientieren (*bandwagoning*). Das wäre die von den kleineren griechischen Staaten erwünschte „Schiedsrichtertätigkeit" (*diallaktés*) des Perserkönigs, wie sie sich schon im Frieden des Antalkidas oder Königsfrieden (387/86) bewies. Athen lässt sich dagegen als Macht definieren, die mit dem Perserreich konkurrieren konnte, wenngleich sie zur damaligen Zeit nicht das größte Drohpotential vorzuweisen hatte. Also kam Athen die Rolle des *balancer* zu: Anders als beim *bandwagoning* geht es nicht um Anbindung aufgrund eines Schutzbedürfnisses, sondern um einen Ausgleich der Hegemonialbestrebungen, um den Staat mit dem höchsten Drohpotential auf diplomatischem Wege zu isolieren und damit zu zügeln. Man kann eine *balance*-Bündnispolitik grundsätzlich als eher defensiv ausgerichtet einstufen, und das Werben um *sýmmachoi* ist natürlich ungleich schwerer als im Fall des *bandwagoning* (*Dem. or.* 14,35-40).

Ein Jahr später (353) wiederholte Demosthenes die Argumente für die *balance*-Politik in seiner *Rede für die Einwohner von Megalopolis*, wenn er für ein Defensivbündnis mit Megalopolis auf der Peloponnes eintrat, um Sparta, dem eigentlichen Verbündeten, Grenzen zu setzen und gleichzeitig die Schwäche Thebens in dieser Zeit auszunutzen (*Dem. or.* 16,4-5.23-24; vgl. *Xen. Hell.* 6,5,39). Ob, wie Peter Hunt es deutet, die innergriechischen Konflikte im 4. Jahrhundert infolge des *balancing* zu ‚erzwungenen' Kriegen wurden, die dadurch weniger intensiv geführt wurden, oder ob Geldnot und ‚Kriegsmüdigkeit' die *póleis* in der Mitte des 4. Jahrhunderts zu einer höheren Kompromissbereitschaft gebracht hatten, grundsätzlich kann man in diesen Jahren von einer ernsthaften Suche nach diplomatischen Lösungen sprechen.

Forschungsmeinung:
The history of the fourth century shows clearly that balancing does not make for a more peaceful world. Indeed, balancing often requires states to enter wars they would not have otherwise entered. It does tend, however, to make wars less decisive. Such inconclusive wars raise the expectation of repeated interaction and, thus, are often fought at a lower level of ferocity than wars that are expected to be decisive. Indeed, until the advent of Philip, the wars of the fourth century never reached the level of intensity and brutality that characterized the Peloponnesian War. ***(Peter Hunt: War, Peace, and Alliance in Demosthenes' Athens, Cambridge 2009, 174)***

Philipp II. von Makedonien und die nordgriechische Frage

Im Jahre 359 hatte es Philipp II. in einem enormen Tempo geschafft, seinen Herrschaftsanspruch gegen die innermakedonische Opposition zu verteidigen und gleichzeitig den Druck von der West- und Nordgrenze Makedoniens zu nehmen. Natürlich waren diese beiden Herrschaftsziele eng miteinander verbunden: Seine politische Strategie zeichnete sich immer dadurch aus, dass er in großen zeitlichen und geographischen Räumen planen und agieren konnte, wobei seine Gegner sich freilich nicht immer im Klaren darüber waren, ob sie nun der Haupt- oder Nebenkriegsschauplatz waren.

Um die Konsolidierung seiner Macht zu erreichen, war die kurzfristige Aufgabe von Philipps Engagement auf der Chalkidike vonnöten, und es kam noch im gleichen Jahr zu einem Bündnis mit Athen unter makedonischem Verzicht auf Amphipolis. Sieben Jahre später (352) konstatierte Demosthenes in seiner Logographenrede *Gegen Aristokrates* mit Blick auf die Entwicklung im traditionell athenischen Einflussbereich von der thessalischen Küste über die Chalkidike bis zum Odrysenreich: *... Philipp ist nun unser schlimmster Feind* (*Dem. or.* 23,121). Wie konnte Philipp II. in dieser Zeit den athenischen Einfluss im nordgriechischen Raum derart zurückdrängen, dass die Sicherheit der athenischen Getreidekonvois und die Handelsrouten des Seebundes fundamental bedroht waren?

Spätestens nach 362, als die Schlacht von Mantineia den Niedergang der thebanischen Machtstellung eingeläutet hatte, konzentrierte sich Athen auf seine wichtigsten nördlichen Stützpunkte im thrakischen Gebiet, nämlich die Chersonesos und Amphipolis am Strymon (s.o. S. 30–32), die Athen allerdings bis 357 verloren gingen. Philipp II. dagegen nutzte die finanziell erzwungene militärische Zurückhaltung Athens nach dem verlorenen Bundesgenossenkrieg aus, und so konnte Amphipolis im Sommer 357 erobert und die *chóra* der *pólis* von makedonischen Siedlern besetzt werden. Dieser Verlust traf Athen schwer, denn man verlor mit Amphipolis die strategisch und wirtschaftlich wertvollste Tochterstadt in Nordgriechenland: Zu beiden Seiten der oberen Mündung des Flusses Strymon gelegen, kontrollierte die *pólis* die für die antiken Flotten lebenswichtigen Holzexporte aus dem Balkanbereich, daneben auch den Zugang zum Pangaiongebirge östlich des Strymon. Spätestens ab 356 brachte Philipp II. infolge eines Hilfegesuchs der *pólis* Krenides, später umbenannt in Philippoi, die Silber- und Goldbergwerke im Pangaion in seine Gewalt, was ihm jährlich 1000 Talente einbrachte (*Diod.* 26,8,4). Für antike Verhältnisse, die aufgrund der Edelmetallknappheit und der

Abb. 4: Rekonstruiertes Gesicht Philipps II. nach dem Schädel aus den königlichen Grabstätten von Vergina (Aigai), gefunden von M. Andronikos im Jahre 1977 (Manchester Museum).

Gleichsetzung des geprägten und ungeprägten Wertes („Wertgeld") immer mit einem schwachen Bargeldfluss zu kämpfen hatten, war eine derartige Einkommensquelle der Schlüssel zur Machtpolitik. In den besten Zeiten standen Athen dagegen nur ca. 160 Talente jährlich als Einkommen aus den Silberminen von Laureion zur Verfügung. Doch nicht nur Athen fürchtete den expansiven Charakter der makedonischen Politik, auch der Chalkidische Bund unter Führung von Olynth und Ostthrakien unter Kersobleptes, einem der Nachfolger des 359 ermordeten Thrakerkönigs Kotys, suchten 358/57 schon vor dem Fall von Amphipolis die Nähe zu Athen, weil sie zu Recht eine makedonische Umklammerung fürchteten. Mit Kersobleptes kam ein Bündnis im Jahre 358 zustande. Die angestrebte *symmachía* mit Olynth durchkreuzte Philipp II. jedoch, indem er dem Chalkidischen Bund Poteidaia auslieferte, eine ehemals korinthische *apoikía*, die aber schon seit den Zeiten des Attisch-Delischen Seebundes mit Athen verbündet war und aufgrund ihrer strategischen Lage auf dem dem Golf von Therme zugewandten Arm der Chalkidike ein enormes Bedrohungspotential für Makedonien, aber insbesondere auch für Olynth darstellte. 356 wurde Poteidaia von Philipp II. mit einer Brutalität eingenommen, die an die schlimmsten Exzesse des Peloponnesischen Krieges erinnerte; dies geschah im Rahmen der ‚psychologischen Kriegsführung' Philipps II., der damit insbesondere ein Signal an Athen setzte. Im gleichen Jahr fiel Pydna an Makedonien zurück. Auch in diesem Fall handelte es sich um eine strategisch bedeutende, ursprünglich makedonische Hafenstadt, die seit 360, der Zeit der größten Schwächung Makedoniens, in athenischer Hand war. Ein Jahr später eroberte Philipp II. Methone, Bündner und letzte Bastion Athens auf makedonischem Gebiet. Zwar war die Einnahme Methones mit einem hohen Aufwand verbunden – der Makedonenkönig verlor durch einen Pfeilschuss ins Auge fast sein Leben (*Diod.* 16,34,5) –, aber die

Makedonen lösten nun Athen als Hegemonialmacht in der Nordägäis ab und Philipp öffnete seinem Heer gleichzeitig den Weg nach Thessalien und damit letztlich nach Zentralgriechenland.

Literatur

W. Eder (Hg.), Die athenische Demokratie im 4. Jahrhundert v. Chr. Vollendung oder Verfall einer Verfassungsform? Akten eines Symposiums 3.–7. August 1992 Bellagio, Stuttgart 1995

P. Hunt, War, Peace, and Alliance in Demosthenes' Athens, Cambridge 2009

S. M. Walt, The Origins of Alliances, Ithaca / NY 1987

K. N. Waltz, Theory of International Politics, Reading / MA 1979

G. Wirth, Philipp II. Geschichte Makedoniens Bd. 1, Stuttgart 1985

Demosthenes' Kampf um die athenische Machtstellung

Der Dritte Heilige Krieg (356/55 – 346): Bündnispolitik in Mittelgriechenland

Die Einnahme von Pydna (356) und Methone (355) öffnete Philipp II. strategisch den Weg nach Thessalien, gleichzeitig bot ihm der Dritte Heilige Krieg der Delphischen Amphiktyonie gegen Phokis auch die Möglichkeit, in Zentralgriechenland politisch und militärisch zu intervenieren. „In diesem Zeitfenster 356–346 legte Philipp den Grundstein für Makedoniens Aufstieg zur Hegemonialmacht von Hellas" (J. Engels). Die sich steigernden Auseinandersetzungen zwischen den Thebanern und den Phokern um die Einflussnahme auf das Delphische Heiligtum brachten die Phoker im Sommer 356 dazu, nach der Verurteilung infolge der unrechtmäßigen Okkupation der *hierá chóra* von Krisa Delphi zu besetzen und sich des Tempelschatzes zu bemächtigen. Die Anwerbung eines Söldnerheeres mit den Mitteln aus dem Tempelraub, aber auch die andauernde politische Unterstützung durch Sparta und später auch durch Athen ließen die Phoker dem Kriegsbeschluss der Delphischen Amphiktyonie im folgenden Jahr gelassen entgegensehen. Insbesondere Theben und Thessalien als direkte Nachbarn der Phoker drängten auf die Kriegserklärung, weil beide die ersten Gegner der nun zur stärksten Landmacht aufgestiegenen Phoker gewesen wären.

Delphische Amphiktyonie

Als Amphiktyonie (*amphiktyonía*) wird eine Kultgenossenschaft bzw. ein Bund bezeichnet, der auf ein Heiligtum bezogen ist (*amphi-ktiones* = „die in der Umgebung leben"). Die bekannteste war die Delphische Amphiktyonie. Delphi (*Delphoí*), südlich vom Parnassos in der Kastalia-Schlucht gelegen und durch den Hafen von Kirrha über den Korinthischen Golf leicht zu erreichen, war durch seine Lage vornehmlich dem Einfluss der Phoker, Dorer und ozolischen und amphissaiischen Lokrer ausgesetzt. Aufgrund der panhellenischen Bedeutung des Apollon-Heiligtums (Orakel; Pythische Spiele) setzte sich die Amphiktyonie allerdings aus 12 *éthne* („Stammesgemeinschaften") zusammen: Delpher, Lokrer, Phoker, Dorer (Doris und Peloponnes), Ioner (Euboia und Athen), Thessaler, Boioter, Perrhaiber/Doloper, Magnesier, Ainianer, phthiotische Achaier, Malier. Die *éthne* schickten im Frühling und im Herbst jeweils zwei *hieromnémones*: Der aus ihnen zusammengesetzte Rat der Amphiktyonie verwaltete das Heiligtum und steuerte seine Finanzen.

Heilige Kriege (hieroí pólemoi) der Delphischen Amphiktyonie

- **Erster Heiliger Krieg (ca. 600 – 590):** Zerstörung der Stadt Krisa und des Hafens von Kirrha unter thessalischer Leitung, weil die Einwohner von Krisa Raubzüge auf dem Weg vom Hafen zum Heiligtum unternommen hatten (*Strab.* 9,3,4). Die Ebene von Krisa wurde geweiht und dadurch dem agrarischen Nutzen entzogen (*hierá chóra*).
- **Zweiter Heiliger Krieg (ca. 450):** Auseinandersetzung um die Unabhängigkeit des delphischen Heiligtums: Die Phoker erreichten schließlich mit Unterstützung der Athener eine Vormachtstellung in der Delphischen Amphiktyonie (*Diod.* 16,25,5; 27,3).
- **Dritter Heiliger Krieg (356 / 55 – 346):** Entgegen der Bestimmung nach dem Ersten Heiligen Krieg bebauen die Phoker die *hierá chóra* von Krisa. Die Phoker verweigern nicht nur die Zahlung der enormen Geldbuße, sondern besetzen das delphische Heiligtum und plündern den Tempelschatz.
- **Vierter Heiliger Krieg (340 – 338) = „Krieg um Amphissa":** Auch die ozolischen Lokrer von Amphissa bebauen die *hierá chóra* von Krisa und bauen den Hafen von Kirrha wieder auf. Amphissa und ihre Verbündeten Athen und Theben werden in der Schlacht von Chaironeia (338) geschlagen.

Philipp II. hatte schon im Jahre 358 die Dynastie der Aleuaden (*Aleuádai*) von Larissa im innerthessalischen Konflikt nach der Ermordung des Alexandros von Pherai, Sohn des 370 ermordeten Iason von Pherai, unterstützt und sich mit einer dynastischen Heirat eng an die Machthaber von Larissa gebunden (*Diod.* 16,4,1 ff.). So lag es für ihn nahe, nach der Niederlage des thessalischen Bundes gegen die Phoker im Jahre 354 den Aleuaden militärisch zur Hilfe zu kommen, da sich die Machthaber von Pherai schon auf die Seite der Phoker stellen wollten. Pagasai, der Hafen von Pherai, konnte nun mit makedonischer Hilfe eingenommen werden. Athen, ohnehin geschwächt vom Bundesgenossenkrieg und mitten in der finanziellen Umstrukturierung, wurde auch hier bei einem Entsatzversuch wieder zurückgeschlagen; Demosthenes beklagt dies Jahre später in seiner *Ersten Olynthischen Rede* im Jahre 348 (*Dem. or.* 1,13). So befand sich nun die gesamte Küstenlinie vom Golf von Therme bis zum Golf von Pagasai unter makedonischer Kontrolle. Gleichzeitig kam es 353 / 52 zu einigen militärischen Konfrontationen mit den Phokern auf thessalischem Gebiet, bis Philipp II. sich zum „Rächer des Delphischen Apollon" stilisierte, seine Soldaten mit dem heiligen Lorbeer des Gottes schmückte und die Schlacht auf dem Krokosfeld in Südostthessalien gegen die Phoker für sich entschied (352).

Nach der Schlacht ließ er 3000 überlebende Phoker als „Tempelräuber" über die Klippen werfen. Die Machthaber von Pherai ergaben sich schnell, und Philipp wurde – nach einer weiteren dynastischen Heirat in Pherai – zum *tagós* und später zum *árchon* des Thessalischen Bundes auf Lebenszeit gewählt.

Obwohl Philipp II. wohl auf Drängen Thebens noch im Jahr 352 in die Phokis einmarschieren wollte, konnte das durch eine gemeinsame Aktion der phokischen Verbündeten, darunter Athen und Sparta, bei den Thermopylen verhindert werden. Das „Eingangstor nach Griechenland" (*Hdt.* 7,176,2), ein Küstenpass an der nördlichen Seite des Kallidromos-Gebirges, hatte seit der Invasion des Xerxes im Jahre 480 eine große Bedeutung für das griechische Selbstverständnis, und in der Folgezeit wurde die Verteidigung Zentralgriechenlands zur ‚Barbarenabwehr' stilisiert. In der Zeit zwischen 352 und 346 gelang es kombinierten griechischen Kontingenten somit erneut, einen bedrohlichen Feind und in ihrer politischen Rhetorik so genannten ‚Barbaren', nämlich den Makedonenkönig, temporär von ihrem Kerngebiet fernzuhalten. Infolge der finanziellen Gesundung ihrer *pólis* konnten die Athener in dieser Zeit auf eine Flotte von ca. 350 Trieren zurückgreifen.

Mittlerweile hatte sich allerdings im thrakischen Bereich eine neue Bündelung der antimakedonischen Kräfte ergeben, die Philipp II. dazu nötigte, sich von den Thermopylen nach Makedonien zurückzuziehen und sich in der folgenden Zeit wiederum Nordgriechenland zuzuwenden. Hier hatte schon im Jahr 353/52, während der ‚heißen Phase' des Dritten Heiligen Krieges, der athenische Stratege Chares die schon vor 357 verloren gegangenen athenischen Besitzungen wie z.B. Sestos auf der thrakischen Chersonesos zurückerobert und dort neue attische Kleruchen angesiedelt. Im Jahre 352 war Kersobleptes, König des östlichen Teilreichs der Thraker, sogar bereit, mit Athen ein Bündnis einzugehen, wie es Demosthenes im gleichen Jahr in seiner *Rede gegen Aristokrates* (*Dem. or.* 23) ausführlich beschrieb, wobei er gleichzeitig den Thrakerkönig und dessen Schwager, den euboiischen und in Athen eingebürgerten Söldnerführer Charidemos, als höchst unsichere Bündnispartner und Politiker mit wechselhaften Allianzen vorführte (*Dem. or.* 23,138-140). Gegen die Warnungen des Demosthenes und geblendet vom derzeitigen Erfolg auf der Chersonesos, der die Kontrolle des Hellesponts und damit die lebenswichtigen Getreideimporte vom Schwarzen Meer garantierte, wählten die Athener Charidemos sogar für das kommende Jahr zum Strategen in diesem Gebiet.

Forschungsmeinung:
Hatte Athen aber einen solchen Mann (= Charidemos) als Feldherrn nötig, dann kennzeichnet dies einen Mangel an geeigneten Persönlichkeiten und damit eine Hilflosigkeit, die das Ihre tat, künftig auch militärische Erfolge von vornherein zu beeinträchtigen. Der Eindruck auch auf die Bundesgenossen konnte nur verheerend sein. ***(Gerhard Wirth: Philipp II. Geschichte Makedoniens Bd. 1, Stuttgart 1985, 52)***

Philipp II. eilte nach Thrakien und verbündete sich gegen Ende des Jahres 352 mit den seit dem Bundesgenossenkrieg von Athen abgefallenen *sýmmachoi* Byzantion und Perinthos in der Propontis und konnte mit der Einnahme von Heraion Teichos auf der Chersonesos die dortigen athenischen Siedlungen umklammern. Einige Monate später musste Kersobleptes sein thrakisches Gebiet dem Makedonenkönig auf Gedeih und Verderb ausliefern, und Philipp II. war nun Herr über die griechischen Getreidelieferungen.

Der Kampf um den Einfluss in der nördlichen Ägäis

Noch im Herbst 352 gelangte die Nachricht nach Athen, Philipp II., der noch keine erwachsenen Söhne hatte, sei während der Belagerung von Heraion Teichos auf Leben und Tod erkrankt. Da man mit dem baldigen Ableben des Makedonenkönigs rechnete und sich sogar Gerüchte über seinen Tod verbreiteten, sahen die Athener keinen Anlass mehr, ihr militärisches Engagement im bisherigen Maße aufrechtzuerhalten. So wurde der neue Stratege Charidemos mit einer äußerst geringen Ausstattung im Jahre 351 zur Chersonesos entsandt (*Dem. or.* 3,5), und es blieb den attischen Kleruchen im Hellespont überlassen, der makedonischen Bedrohung standzuhalten. Die neue Hoffnung Athens auf ein Ende der makedonischen Expansion wurde von Politikern wie Euboulos genährt, der in dieser Zeit als einer der Verwalter der *theorikón*-Kasse sicherlich nicht unberechtigt die militärischen Ausgaben drastisch reduzieren musste. Laut Demosthenes (*Dem. or.* 3,26) hatten die Kriegsanstrengungen der letzten Jahre (355 – 349) ca. 1500 Talente gekostet.

In diese Phase der vermeintlichen politischen Entspannung fiel Demosthenes' erste große Rede gegen Philipp II., die er im Jahre 351 vor der *ekklesía* hielt. Diese Rede markiert einen Fortschritt in seinem politischen Engagement, weil er zum ersten Mal das Wort ergriff, ohne anderen Rednern den Vortritt zu lassen (*Dem. or.* 4,1). In der Rede warnte er vor falschen Hoffnungen und betonte in Rückschau auf die Verluste der strategisch wichtigen Landstützpunkte, die Athen durch Philipp II. erlitten hatte, und auf die maritimen Rückschläge, die zu Lasten der attischen Kleruchen auf Lemnos und Imbros und der gesamten *pólis* gingen, dass man die Rüstungsanstrengungen fortsetzen müsse. Er regte an, athenische Einsätze auf die Chalkidike im Norden und auf die zu erreichenden Gebiete im makedonischen Kernland zu konzentrieren. Diese Strategie, gekoppelt mit einer jährlichen finanziellen Belastung von 92 Talenten, die aus dem regulären Haushalt und freiwilligen Übernahmen der *trierarchía* zu bestreiten wären, um Reserveeinheiten aus wehrpflichtigen Bürgern und die nötige Flexibilität im militärischen Einsatz zu schaffen, sollte Athen die Möglichkeit eröffnen, zu Land und zu Wasser nicht nur schneller auf die makedonischen Vorstöße zu reagieren, sondern auch selbst die Initiative ergreifen zu können (*Dem. or.* 4,7.16.19.21-37).

Erste Rede gegen Philipp

1. Wenn ein neues Problem zur Diskussion stünde, ihr Männer von Athen, würde ich warten, bis alle üblichen Redner ihre Meinung dazu abgegeben hätten, und wenn ich mit ihren Ausführungen zufrieden gewesen wäre, würde ich still bleiben, falls ich nicht mit ihren Ausführungen einverstanden wäre, würde ich meine eigene Meinung vortragen. Da wir aber immer noch ein Problem besprechen, das schon oft besprochen wurde, hoffe ich auf eure Nachsicht, wenn ich nun der erste bin, der aufsteht und das Wort ergreift. Denn wenn in der Vergangenheit ihre (= der üblichen Redner) *Ratschläge so gut gewesen wären, würden wir heute nicht hier beraten. … 4. Aber wenn einer von euch, Männer von Athen, denkt, Philipp sei ein zu großer Gegner, wenn man das Ausmaß seiner Macht und den Verlust unserer Besitzungen betrachtet, dann hat dieser Mann sicherlich Recht; jedoch sollte er darüber nachdenken, dass auch wir einst, ihr Männer von Athen, Pydna, Poteidaia und Methone mitsamt des umliegenden Gebietes hielten und dass viele Völker in seinen Diensten damals autonom und frei waren und lieber mit uns verbunden waren als mit ihm. 5. Wenn nun Philipp damals gedacht hätte, es wäre schwierig, gegen die Athener Krieg zu führen, solange sie derartige Besitzungen in seinem eigenen Land hatten, während er ohne Verbündete dastand, dann hätte er niemals seine derzeitigen Erfolge errungen, niemals seine derzeitige Macht erlangt. … 10. … Seid ihr zufrieden damit, umherzugehen und einander zu fragen: „Gibt es*

Neuigkeiten?" Könnte es größere Neuigkeiten geben als die, dass ein Makedone die Athener im Krieg bezwingt und über die Griechen bestimmt? 11. „Ist Philipp tot?" – „Nein, bei Zeus, aber er ist krank." Welcher Unterschied besteht dabei? Selbst wenn ihm etwas zustößt, so werdet ihr euch einen neuen Philipp schaffen, wenn ihr so weitermacht, denn selbst dieser Philipp ist nicht so sehr durch seine Stärke als durch eure Unachtsamkeit so mächtig geworden. ... 34. Außerdem werdet ihr, Männer von Athen, Philipp seine Einnahmequelle nehmen. Welche ist das? Um Krieg mit euch zu führen, beraubt er zur See eure Bündner. Ihr selbst werdet außerhalb seiner Reichweite sein. Eure früheren Erfahrungen mit ihm werden sich nicht wiederholen, als er Lemnos und Imbros überfiel und eure Bürger als Gefangene entführte, als er bei Gerastos Teile der Handelsflotte kaperte und eine Riesensumme als Lösegeld aushandelte oder sogar bei Marathon landete und die heilige Triere (= das Staatsschiff Paralos) *wegstahl, ihr dagegen zu hilflos wart, diese Taten zu verhindern oder eine Streitmacht rechtzeitig loszuschicken.* ***(Dem. or. 4)***

Wie Demosthenes betonte, wäre es leichter gewesen, Philipp II. vor seinem Eintritt in den Dritten Heiligen Krieg in seine Schranken zu weisen. Bekanntermaßen band der Bundesgenossenkrieg die militärischen Kräfte Athens, aber auch das finanzielle Budget der *pólis* auf Jahre. In der damaligen Phase der finanziellen Stabilisierung Athens und gleichzeitig der gesundheitlichen Schwäche des Makedonenkönigs wäre Philipp II. durch eine geschickte Bündnispolitik und die Neuausrichtung der militärischen Strategie sicherlich überwindbar gewesen, aber die Athener fielen schnell in eine gewisse Lethargie und Fahrlässigkeit zurück, wie die ungenügende Ausstattung des Charidemos in der Propontis zeigte.

In der Mitte des Jahres 349 trat nun der Fall ein, vor dem Demosthenes die Athener schon seit 352 ohne Erfolg gewarnt hatte (*Dem. or.* 23,121). Der Chalkidische Städtebund (*koinón*) unter der Führung von Olynth betrieb seit seiner Neugründung ab 375 eine diplomatische Schaukelpolitik im Hinblick auf die Machtkonstellation zwischen Makedonien und Athen im chalkidischen Hinterland. Da die Politik des *koinón* primär von Handelsinteressen geleitet war, war es an einer Zusammenarbeit mit der athenischen Seebundmacht ebenso interessiert wie an der Rohstoffversorgung aus dem makedonischen und thrakischen Gebiet. Zu Beginn des athenischen Bundesgenossenkrieges im Jahre 357 schloss das *koinón* einen Vertrag mit Philipp II., was den Chalkidikern Poteidaia einbrachte und wohl auch gewisse wirtschaftliche Vorteile in Bezug auf das nun makedonisch besetzte Amphipolis. Spätestens 353 setzten sich athenfreundliche Kreise in Olynth durch, die zu Recht eine drohende Beschneidung der Handlungsfreiheit des Chalkidischen Bundes durch den Makedonenkönig fürchteten, und es kam zu einem Vertrag mit Athen.

Nach einer erneuten diplomatischen Annäherung zwischen Makedonien und dem *koinón* kam es im Sommer 349 unerwartet zu einem Ultimatum Philipps II., der die bedingungslose Auslieferung seiner zwei Halbbrüder verlangte, die nach Philipps Machtübernahme auf die Chalkidike geflüchtet waren, da der Verwandtenmord ein übliches Mittel der Herrschaftssicherung, aber auch der Herrschaftsusurpation am makedonischen Hof war. Teile der modernen Forschung sehen hierin ein rechtmäßiges Vorgehen des Makedonenkönigs, indem der von Olynth gebotene Schutz der beiden Halbbrüder als eine vertragsverletzende Einmischung in innermakedonische Angelegenheiten interpretiert wird: „Olynthus' days were probably numbered once it gave refuge to possible claimants to the Macedonian throne and that caused him to raze it. Philip needed to issue a clear message that any such interference in Macedonian politics would be punished in the harshest manner" (I. Worthington). Aber generell wird das Ultimatum eher als Vorwand gedeutet, mit dem Philipp II. die ohnehin geplante Invasion der Chalkidike einläutete. Demosthenes referiert in seiner *Dritten Rede gegen Philipp* (341) das eigentliche Ziel, nämlich die Vernichtung des Chalkidischen Städtebundes: *Als er noch 40 Stadien* (= ca. 7,5 km) *von Olynth entfernt war, sagte er den Olynthern, dass es nur eine von zwei Möglichkeiten gäbe* (den Konflikt beizulegen): *Entweder bleiben sie in Olynth wohnen oder er in Makedonien* (*Dem. or.* 9, 11).

Kurz vor der Belagerung der Stadt erreichte im Frühjahr 348 ein Hilfegesuch der Olynther Athen. Demosthenes hielt daraufhin die drei *Olynthischen Reden* kurz hintereinander vor der *ekklesía*, die erste Rede in Beisein der olynthischen Gesandten (*Dem. or.* 1,12). Er wiederholte seine Forderungen aus der *Ersten Rede gegen Philipp*, wobei er erneut deutlich machte, dass die finanziellen Mittel für die militärische Intervention aus dem regulären Haushalt gespeist werden könnten, ohne die „Kriegskasse" über Gebühr aufzufüllen (*Dem. or.* 1,17-21 vgl. 4,7.16.19.21-37). Somit befand sich Demosthenes noch nicht auf einem Konfrontationskurs zur politischen Linie des Euboulos, der – sicherlich unter dem Druck der wachsenden Befürwortung eines militärischen Eingreifens gegen Philipp II. – in diesem Jahr ein Gesetz unterstützte, das eine Abweichung vom bisherigen Primat der *theorikón*-Kasse zugunsten der *stratiotiká* unter Strafe stellte. Problematisch wurde die Frage nach einer militärischen Aktion auf der Chalkidike, als zur gleichen Zeit von Makedonien geförderte Unruhen auf Euboia, in unmittelbarer Nachbarschaft von Attika, begannen, wodurch die Athener wieder einmal gezwungen waren, ihre Kräfte zu teilen.

Erste Olynthische Rede

7. Lange Zeit war es die öffentliche Meinung, dass die Olynther dazu gebracht werden müssten, Philipp zu bekämpfen, nun ist es von selbst eingetreten, und zwar in einer Weise, die euch wunderbar entgegenkommt. Denn wenn sie sich nur auf euren Ratschlag hin in den Krieg gestürzt hätten, hätten sie sich vielleicht als unsichere Verbündete erwiesen und hätten nur halbherzig diesen Entschluss gefasst. Aber da sie nun Philipp hassen, weil er ihnen Unrecht zugefügt hat, ist es nur natürlich, dass sich ihre Feindschaft aus den schlechten Erfahrungen speist, die sie mit ihm gemacht haben. 8. Männer von Athen, ihr dürft nun die Gelegenheit, die sich bietet, nicht verstreichen lassen und auch nicht die Fehler machen, die ihr schon so oft gemacht habt.… Unglücklicherweise lassen wir immer die aktuelle Möglichkeit und stellen uns vor, dass sich die Zukunft von selbst richten wird, und so, Männer von Athen, kann uns Philipp für sein derzeitiges Wohlergehen danken. Wir haben ihn größer gemacht als jeden König von Makedonien vor ihm. Heute fällt uns die Gelegenheit, die uns die Olynther bieten, einfach in die Hände, eine bessere Gelegenheit als wir sie jemals hatten.… 12. Wenn wir auch diese Männer hier (= die olynthischen Gesandten) *ihrem Schicksal überlassen und Olynth von Philipp zerstört wird, dann frage ich euch, was kann ihn dann noch daran hindern, überall hin zu marschieren, wie es ihm passt. Ich frage mich, ob sich einer von euch, die ihr hier in der Versammlung seid, darüber Gedanken gemacht hat, wie Philipp, der am Anfang so schwach war, so stark werden konnte? Zuerst nahm er Amphipolis ein, dann Pydna, dann Poteidaia, danach Methone, schließlich marschierte er in Thessalien ein. 13. Nachdem er dort Pherai, Pagasai und Magnesia neu und nach seinem Willen geordnet hatte, zog er weiter nach Thrakien. Dort vertrieb er einige Könige, andere setzte er ein, danach wurde er schwer krank. Nach seiner Genesung blieb er nicht untätig, sondern griff Olynth an.…* **(Dem. or. 1)**

So versuchte nun Demosthenes in seiner *Zweiten Olynthischen Rede*, den Druck auf die athenische *ekklesía* zu erhöhen und diese zu einer

Entscheidung für den Einsatz auf der Chalkidike zu bewegen. In der Rede griff er den Makedonenkönig persönlich an, und stellte ihn unter Hinweis auf ‚sichere Informanten' als tyrannischen Machthaber dar, den zu bekämpfen jeder anständige Grieche die Pflicht habe.

Zweite Olynthische Rede

17. So ist es nicht schwer zu sehen, wie die Mehrzahl der Makedonen Philipp einschätzt. Die Söldner und seine pezhétairoi (= „Gefährten zu Fuß"; makedonische Gardetruppen) *sollen wirklich bewundernswerte Soldaten sein, die sich mit dem Kriegshandwerk gut auskennen, aber ein treuer Gewährsmann hat mich informiert, sie seien auch nicht besser als andere Soldaten. 18. Allerdings wurde mir auch erzählt, dass, falls es einen Mann gibt, der viel Können im Krieg und im Kampf aufweisen kann, er* (= Philipp II.) *diesen Mann aus Gründen der philotimía* (= Ruhmsucht) *in den Hintergrund drängt, weil er will, dass alles als seine eigenen Taten erscheinen soll, und weil er auch in der philotimía maßlos ist. Wenn aber jemand vernünftig und mit Gerechtigkeitsgefühl ausgestattet ist, und deswegen die Maßlosigkeit* (des Königs) *im täglichen Leben, die Trunkenheit und die anstößigen Tänze nicht ertragen kann, der wird kaltgestellt. 19. Mein Gewährsmann sagt, es seien nur noch Räuber, Schmarotzer und Männer übrig, die volltrunken derartige Tänze aufführen, über die ich mich scheue zu sprechen. … 20. Ihr Männer von Athen, das sind vielleicht nur Banalitäten, aber sie sind für vernünftige Menschen Anzeichen seines fehlerhaften Charakters.* ***(Dem. or. 2)***

Neben dieser Tyrannentopik griff er die in der griechischen Rhetorik mittlerweile übliche Barbarentopik auf und warf in der *Dritten Olynthischen Rede* die Frage nach der Herkunft Philipps II. auf: *Ist er nicht unser Feind? Hat er denn nicht unsere Besitzungen in seiner Gewalt? Ist er denn kein Barbar?* (*Dem. or.* 3, 16). Erstmals ließ Demosthenes in dieser Rede die Forderung nach Änderung der finanziellen Zuteilung anklingen. Da es schon einen prominenten Fall einer *graphé paranómon* in diesem Zusammenhang gegeben hatte, agierte er sehr vorsichtig und forderte nur die Einsetzung einer Kommission zur Gesetzesrevision.

Dritte Olynthische Rede

10. … Ihr Männer von Athen, seid nicht überrascht, wenn ich jetzt einen unerwarteten Vorschlag mache. Setzt eine Kommission von nomothétai (= „Gesetzgeber" zur Revision von Gesetzen) *ein.*

> *Benutzt diese nicht, um neue Gesetze zu entwerfen, davon habt ihr wirklich genug, sondern um bestehende Gesetze zurückzuziehen, die in der vorliegenden Situation hinderlich sind. 11. Ich nenne hier ganz offen die Gesetze, die die theorikón-Kasse und den Militärdienst regeln. Die Erstgenannten verteilen Gelder, die zur stratiotikón-Kasse gehören sollten, als Schaugeld* (für den Theaterbesuch) *an die Männer, die zuhause bleiben, die Letztgenannten verteilen Ausnahmeregelungen an die Kriegsdienstverweigerer und entmutigen so diejenigen, die ihre militärische Pflicht erfüllen wollen. Wenn ihr diese Gesetze beseitigt habt und ihr somit den Weg zu neuen Vorschlägen* (ohne die Gefahr einer *graphé paranómon*) *gesichert habt, dann sucht jemanden, der diese für alle nutzbringenden Vorschläge zur Debatte stellt.* ***(Dem. or. 3)***

Neben der Krisensituation auf Euboia war es sicherlich auch der von Demosthenes durchgängig beklagten Schwerfälligkeit der athenischen Bürgerschaft bei der Entscheidungsfindung anzulasten, dass dem Hilfegesuch der Olynther sehr spät und in einem sehr geringen Umfang stattgegeben wurde. Zusätzlich wurde das athenische Entsatzheer im Sommer 348 losgeschickt, als die Etesien das Segeln in Richtung Nordägäis für ca. 40 Tage unmöglich machten, wodurch die Chalkidike nicht rechtzeitig erreicht werden konnte. In dieser Zeit fiel Olynth nach einer harten Belagerung und wurde ebenso wie viele andere Städte auf der Chalkidike vollkommen zerstört und die Bewohner in die Sklaverei verkauft.

Politische Kurswechsel in Athen

Das Verhalten Philipps II. im Umgang mit dem Chalkidischen Städtebund diskreditierte ihn in den Augen der Griechen bis zum Ende seiner Herrschaft, denn seine militärischen Aktionen waren erstmals nicht durch eine Bündnisverpflichtung oder eine zwingende Vertragserfüllung gedeckt. Sein Ultimatum mit dem Hinweis auf innermakedonische Angelegenheiten war schon in den Augen der Zeitgenossen ein schwaches Argument, welches angesichts der späteren Brutalität bei der Belagerung und Einnahme der chalkidischen Städte von Stageira bis Olynth völlig bedeutungslos wurde. Nach der makedonischen Annektierung der Chalkidike war Philipp II. peinlich darum bemüht, sein ‚Barbarenimage' abzuschütteln, weil er zu dieser Zeit sicherlich einen

Ausgleich in Form eines Verständigungsfriedens mit den übrigen griechischen Staaten anstrebte, der allerdings in seinen Augen nur unter Beachtung seiner Hegemonialstellung zustande kommen konnte. So übergab er beispielsweise noch im Herbst 348 während der Festspiele zu Ehren des Zeus Olympos in der makedonischen Stadt Dion athenische Kriegsgefangene als Zeichen seines guten Willens.

In Athen fand unter dem Eindruck der Zerstörung des Chalkidischen Städtebundes eine Evaluierung der bisherigen Politik und eine Neuausrichtung des Einsatzes der finanziellen Mittel statt. Schon vor dem Fall von Olynth hatte Athen auf Euboia trotz des Einsatzes des erfahrenen Strategen Phokion eine schwere Niederlage erlitten, die nicht nur den Austritt fast aller euboiischen *póleis* aus dem Seebund, sondern auch den kostspieligen Freikauf der athenischen Kriegsgefangenen nach sich zog. Gleichzeitig galt es immer noch, die Sperrung der Thermopylen gegen eine makedonische Invasion aus dem thessalischen Gebiet aufrechtzuerhalten und sich nicht von der absehbaren Niederlage der mittlerweile finanziell erschöpften Phoker im noch andauernden Dritten Heiligen Krieg in den Abgrund ziehen zu lassen. Aber der eigentliche Schock und daraufhin Wendepunkt in der athenischen Politik gegenüber Makedonien war der Umgang Philipps II. mit den unterlegenen Gegnern. Die exzessive Brutalität bei der Einnahme belagerter Städte wie Poteidaia im Jahre 356 war ein für die Griechen akzeptabler Vorgang im Kriegsgeschehen, die Massentötung der phokischen ‚Tempelräuber' wurde als gerechtfertigte Bestrafung durch Philipp II., den „Rächer des Apollon", angesehen. Die makedonische Invasion der Chalkidike war demgegenüber ein Überfall, dem kein völkerrechtlich gebilligter Kriegsgrund vorlag, so war auch die Bevölkerung der Chalkidike auf Gedeih und Verderb dem Aggressor ausgeliefert.

Somit blieben die Folgen des Krieges nicht nur in der Nordägäis deutlich spürbar. Dies ist daran erkennbar, dass der Handel mit olynthischen Kriegsgefangenen in Athen mit der Todesstrafe belegt wurde, obwohl der Sklavenhandel – auch mit Kriegsgefangenen – in der antiken Welt grundsätzlich ein legaler Vorgang war. Auch wurde bald ein Handelsembargo gegen Philipp II. beschlossen. Vorschläge von früheren Warnern wie Demosthenes, der als Hoplit am Einsatz des Phokion auf Euboia teilgenommen hatte und mittlerweile im Amtsjahr 347/46 von seinem *démos* Paiania zu einem Mitglied der athenischen *boulé* gewählt worden war, wurden nun stärker beachtet. Ebenso vollzog sich bei einflussreichen Männern wie Phokion, Euboulos und dem von ihnen geförderten Aischines, die noch vor dem Fall von Olynth eine machtpolitische Koexistenz von Athen und Makedonien als realistisches Ziel angesehen hatten, eine politische Kehrtwende, wie es Demosthenes in der Rückschau in seiner 343 gehaltenen Anklagerede (*Dem. or.* 19) gegen Aischines wegen *parapresbeía* („Gesandtschaftsverrat") anschaulich zusammenfasst. Ein sichtbarer Ausdruck dieser Neuorientierung war das von Euboulos beantragte *pséphisma* aus dem Jahre 347, das Gesandtschaften in andere griechische *póleis* zur gemeinsamen Makedonenabwehr aussenden sollte. Eine dieser Gesandtschaften war die des Aischines zur Peloponnes, die allerdings in Argos und Arkadien keinen Erfolg hatte, da man Athen zu der Zeit eine solche Führungsstärke nicht zutraute.

Über die Truggesandtschaft

304. … War es nicht Euboulos, der das pséphisma vorschlug, und der angeklagte Aischines, der als Gesandter auf die Peloponnes ging? Was er dort nach seiner Ankunft sagte, entweder im privaten Gespräch oder in öffentlichen Reden, ist ihm doch wohl am besten bekannt, was er nach seiner Rückkehr berichtete, werdet ihr nicht vergessen haben, da bin ich mir sicher. 305. Denn er trug eine Rede vor, in der er wiederholt Philipp einen kaltblütigen Barbaren nannte. Er berichtete euch, dass die Arkader glücklich waren zu hören, dass Athen endlich aufwachte und zur Tat schritt. Er erwähnte ein Ereignis, das, wie er sagte, ihn mit tiefer Entrüstung erfüllte. Auf seinem Heimweg traf er einen gewissen Atrestidas, der gerade von Philipps Königshof zurückkehrte, und zwar mit ungefähr 30 Frauen und Kindern in seinem Gefolge. Er war erstaunt und fragte bei einem der Reisenden nach, wer der Mann und sein Gefolge seien. 306. Und als ihm erzählt wurde, dass das Gefolge aus olynthischen Gefangenen bestünde, die dem Atrestidas von Philipp zum Geschenk gemacht worden waren, da fand er es ganz schrecklich und brach in Tränen aus. Wehmütig dachte er daran, dass Griechenland in einer grausamen Notlage sein muss, wenn das Land derartige Verbrechen einfach toleriert. So schlug er euch vor, Gesandte nach Arkadien zu schicken, um dort die Personen aufzudecken, die für Philipp im Geheimen arbeiten. So wie er sagte, wurde ihm (von den Arkadern) *mitgeteilt, dass wenn sich Athen dieser Dinge annehmen würde und Gesandte schickte, Philipps Agenten zur Rechenschaft gezogen würden. 307. Das war seine Rede zu dieser Gelegenheit, ihr Männer von Athen, eine würdige Rede in der Tradition unserer pólis. Aber nachdem er Makedonien besucht hatte* (anlässlich der ersten Gesandtschaft nach Pella im Frühjahr

346) *und seinen Feind, der gleichzeitig der Feind des gesamten Griechenlands ist, zu Gesicht bekam, hörte man da noch ähnliche Aussagen wie zuvor von ihm? Überhaupt nicht, er mahnte euch, nicht mehr an eure Vorväter zu denken, nicht an Siegeszeichen, nicht an den Beistand für andere. Und über die Personen, die euch empfohlen hatten, mit anderen Griechen über die Friedensbedingungen mit Philipp zu beratschlagen* (= Euboulos-*pséphisma*), *war er nur noch erstaunt, dass man fremde Leute überzeugen müsste, wo es sich doch um eine innenpolitische Angelegenheit Athens handelte. 308. Und was Philipp selbst angeht, bei Herakles, auf einmal war er der griechischste aller Griechen, der vorzüglichste Redner und beste Freund, den sich Athen wünschen könnte. Und auf einmal gab es* (aus der Sicht des Aischines) *in der Bürgerschaft einige unleidliche und charakterlich niedrige Gestalten, die nicht erröteten, ihn* (= Philipp) *weiter zu diskreditieren und ihn einen Barbaren zu nennen! Wie kann es möglich sein, dass von ein und derselben Person* (= Aischines) *die früheren und die jetzigen Reden kommen, ohne dass man annehmen muss, er sei bestochen worden? 309. Ist es möglich, dass derselbe Mann, der über die Maßen empört war, als er die olynthischen Frauen und Kinder in der Gewalt des Atrestidas sah, nun zufrieden ist, mit Philokrates* (einem promakedonischen Gesandten) *zusammenzuarbeiten, der freigeborene olynthische Frauen in diese Stadt brachte, um sie zu entehren? Philokrates ist derzeit so berüchtigt für das schandhafte Leben, das er führte, dass ich ihn nicht näher charakterisieren muss. Wenn ich nur kurz erwähne, dass er die olynthischen Frauen mitbrachte, da gibt es keinen Mann in diesem Gerichtshof, keinen der Geschworenen oder der Zuhörer, der nicht die Fortsetzung kennt und, da bin ich sicher, Mitgefühl für die armen unglücklichen Geschöpfe empfindet. Aber Aischines empfand kein Mitgefühl für sie. Er vergoss für sie und Griechenland keine Tränen, er war nicht empört darüber, dass sie eine derartige Behandlung in einem verbündeten Land durch die Hände eines athenischen Gesandten erfuhren.* **(Dem. or. 19)**

Erläuterungen: Philokrates befand sich zum Zeitpunkt der Rede (Sommer 343) schon außer Landes, wegen Bestechlichkeit und Hochverrat angeklagt, zum Tode verurteilt und ins Exil gegangen. Die hier angedeutete Misshandlung olynthischer Frauen durch athenische Gesandte bezieht sich auf ein von Demosthenes geschildertes, aber nicht durch andere Quellen verifiziertes exzessives Gelage am Königshof von Pella (*Dem. or.* 19, 196-199).

Die geringe Resonanz auf Athens diplomatischen Vorstoß, der verstärkte makedonische Druck auf die athenischen Siedlungen auf den Inseln Imbros, Lemnos und Skyros, die Aussicht auf einen langen und verlustreichen Krieg um die Rückgewinnung von Amphipolis und die Stärkung der gefährdeten athenischen Kleruchen auf der Chersonesos und schließlich eine makedonische Friedensofferte ließen allerdings Zweifel am neuen Kurs aufkommen, so dass nun eine Verständigung mit Philipp II. von allen Beteiligten als der einzige Weg zu einer dauerhaften und für Athen am wenigsten verlustreichen Lösung angesehen wurde. Daraufhin beschloss im Frühjahr 346 die athenische *ekklesía* auf Antrag des Philokrates, eine Zehnmännergesandtschaft nach Pella, dem makedonischen Königssitz, zu schicken, darunter Philokrates selbst, Aischines und Demosthenes als jüngstes Mitglied der Gesandtschaft.

Literatur

M. H. Hansen, Die athenische Demokratie im Zeitalter des Demosthenes. Struktur, Prinzipien, und Selbstverständnis, Berlin 1995

H. Volkmann, Die Massenversklavungen der Einwohner eroberter Städte in der hellenistisch-römischen Zeit, Stuttgart ²1990

I. Worthington, Philip II of Macedonia, New Haven 2008

5

Demosthenes' Widerstand gegen die makedonische Vormachtstellung

Der Philokrates-Frieden (346): ein kurzes Atemholen

Die Einzelheiten des Friedensabkommens sind nicht inschriftlich bezeugt, aber durch die späteren ausführlichen Prozessreden des Aischines und des Demosthenes aus dem Jahre 343 ist der Inhalt des Vertrages ebenso gut belegt wie die drei Gesandtschaftsreisen nach Makedonien und die Beratungen in Pella und vor der athenischen *ekklesía* von Februar bis Juli 346. Man muss berücksichtigen, dass beide Reden drei Jahre später gehalten wurden und die Ereignisse aus der Rückschau und mit der Erfahrung der Jahre 346 bis 343 rekapitulieren. Dazu gilt es, die Konkurrenz der beiden Politiker und den Anlass der Reden zu beachten. Im Sommer 343 wurde dem Philokrates der Prozess wegen Bestechlichkeit und Hochverrats gemacht, nachdem sich nicht nur die politische Stimmung in Athen gegen ihn gewandt hatte, sondern auch Indizien für eine nicht erklärbare Vermögensvermehrung auftauchten. Nachdem Philokrates ins Exil geflohen war, strengte Demosthenes dementsprechend ein Verfahren wegen Gesandtschaftsverrats (*parapresbeía*) gegen Aischines an. Beide Reden, die Anklagerede des Demosthenes und die Verteidigungsrede des Aischines, sind natürlich hochgradig tendenziös in ihrer Wertung der eigenen Verdienste und der postulierten oder tatsächlichen Fehltritte des Gegners, im Vergleich ist es aber möglich, die Abläufe zu rekonstruieren. Die damalige (343) Stimmung in der athenischen Bürgerschaft, die zu Recht davon ausging, von Philipp II. im Friedensabkommen betrogen worden zu sein, unterstützte den Demosthenes, Aischines bekam Hilfe durch Euboulos und Phokion. So fiel das Urteil der *dikastaí* denkbar knapp für einen Freispruch des Aischines aus; die „Geschworenen" waren in ihrem Urteil gespalten, weil sie offenbar – ebenso wie die Protagonisten – die verschiedenen Richtungswechsel innerhalb der athenischen Politik in Bezug auf Makedonien mitgetragen hatten.

Die erste athenische Zehnmännergesandtschaft traf Anfang März 346 in Pella ein. Jedes Delegationsmitglied hielt dabei eine Rede vor dem König, die beiden jüngsten Gesandten, Aischines und Demosthenes, sollten als letzte sprechen. Wohl um dem Makedonenkönig auf Augenhöhe und nicht als Bittsteller zu begegnen, erneuerte Aischines den athenischen Anspruch auf Amphipolis, obwohl man realistischerweise kaum annehmen konnte, dass Philipp II. die für ihn wertvolle *pólis* wieder aufgegeben würde (*Aischin.* 2,25-33). Demosthenes war es unmöglich, seine Rede vollständig vorzutragen. Seit Eintreffen der Gesandtschaft am Makedonenhof ‚erstickte' der König sie in Gastfreundschaft, und obwohl Demosthenes als einziger der Gesandten gegen die diplomatischen Regeln verstieß und peinlich darauf bedacht war, keine Gastgeschenke anzunehmen, war auch er überrumpelt von der zur Schau gestellten Liebenswürdigkeit des charismatischen Königs. Dies führte wohl zu einem akuten Anfall von ‚Lampenfieber', womit Demosthenes seit seiner Jugend zu kämpfen hatte. Die joviale Art Philipps II. machte für ihn die Blamage wohl komplett.

Aischines, Über den Gesandtschaftsverrat
34. Als ich nun alles gesagt hatte, war es an Demosthenes zu sprechen. Jeder war gespannt, ein Meisterwerk der Redekunst zu hören. Denn, so wie wir es später erfuhren, waren seine Prahlereien schon bei Philipp bekannt. Wir waren nun alle bereit zuzuhören, da stammelte er eine Vorrede, völlig kunstlos und von den Nerven seines Redners zeugend. Kurz nachdem er ein wenig den Hauptteil seiner Rede begonnen hatte, hörte er plötzlich auf zu sprechen und stand ganz hilflos da, schließlich verlor er völlig den Faden. 35. Philipp erkannte seine Notlage und sprach ihm Mut zu, er solle nicht denken, er sei ein Schauspieler auf der Bühne und sein momentanes Unvermögen sei ein großes Unglück. Er solle nun die Ruhe bewahren und schrittweise versuchen, sich an seine Rede zu erinnern und sie so vortragen, wie er es geplant hatte. Aber er (= Demosthenes) *war völlig außer Fassung, er hatte vergessen, was er niedergeschrieben hatte, konnte sich nicht mehr zusammenreißen. Beim zweiten Versuch musste er wieder abbrechen. Es folgte Schweigen und dann sollten wir uns zurückziehen.* ***(Aischin. 2,34-35)***

Nach langwierigen Verhandlungen in der athenischen *ekklesía* und mit den Bündnern traf im Mai / Juni 346 eine zweite Gesandtschaft in Pella ein, um die Eidesleistungen bezüglich der ausgehandelten Vertragsbedingungen vorzunehmen. Insgesamt gesehen erreichte Athen nur die Minimalforderung eines Friedenschlusses mit Philipp II. auf der Basis des aktuellen Besitzstandes. Das schloss eine erneute athenische Forderung nach der Rückgabe von Amphipolis ebenso aus wie der von Athen geforderte Einschluss der noch nicht im Seebund korporierten athenischen Vertragspartner, nämlich *éthne* der Delphischen Amphiktyonie wie die Phoker, die phthiotischen Achaier und die thessalische *pólis* Halos, darüber hinaus Kersobleptes, König des östlichen Thrakerreiches, der sich unter der Oberhoheit Makedoniens befand. Mit der Zustimmung zum sogenannten Philokrates-Frieden, de facto der Anerkennung der makedonischen Expansion seit 357, erreichten die Athener für sich und ihre Bündner nur eine mit Makedonien abgestimmte ‚Polizeiaktion' in der Ägäis zur Bekämpfung des Piratenunwesens. Im Rahmen des Friedensabkommens bestand Philipp II. auf einer *symmachía* zwischen Makedonien und Athen. Dieses militärische Bündnis zielte auf gegenseitige Hilfeleistung im Falle eines Angriffes durch eine dritte Partei ab und konnte dem König bei der Expansion in der Nordägäis dienlich sein, während Athen in diesem Falle die Hände gebunden waren, Vertragspartnern außerhalb des Seebundes zu Hilfe zu kommen.

So war es Philipp II. möglich, in der Zeit zwischen den beiden Gesandtschaften mit einem kurzen Feldzug in Thrakien das Reich des Kersobleptes bis zur Propontis zu besetzen und somit in der Nordägäis noch vor der Eidesleistung im Juni 346 vollendete Tatsachen zu schaffen. Danach wandte er sich Mittelgriechenland und der Phokerfrage zu. Zum Schein ging er auf den athenischen Vorschlag ein, den Dritten Heiligen Krieg ohne militärisches Eingreifen zu beenden, indem die Phoker doch in das Vertragswerk aufgenommen werden sollten. Doch während eine dritte athenische Gesandtschaft Mitte Juli 346 auf dem Weg nach Pella war, besetzte Philipp II. nach der Eroberung von Halos mit seinen thebanischen und thessalischen Verbündeten überraschend die Thermopylen und forderte unter Berufung auf die Symmachieklausel im Friedensvertrag athenische Hilfe im Kampf gegen die Phoker. Nunmehr stand ihm auch der Weg nach Attika offen, was in Athen selbst für Panik und Notstandsmaßnahmen wie die Evakuierung der Landbevölkerung sorgte. Erneut wurde eine Gesandtschaft losgeschickt, dieses Mal zum Delphischen Amphiktyonenrat. Inzwischen hatten die phokischen Kontingente schon vor Philipp II. kapituliert, der gemeinsam mit dem Amphiktyonenrat den Dritten Heiligen Krieg für beendet erklärte und den Phokern empfindliche Strafen auferlegte. Nach Ausschluss der Phoker aus der Amphiktyonie aufgrund der Plünderung der Delphischen Heiligtümer erhielt Philipp II. die zwei phokischen Stimmen und kontrollierte zusätzlich die thessalischen Stimmen im Amphiktyonenrat, womit er nun die Stimmenmehrheit besaß. Im

Herbst 346 übernahm er auf der nächsten ordentlichen Ratssitzung den Vorsitz der Amphiktyonie und leitete die Pythischen Spiele zu Ehren des Apollon in Delphi, was dem Vorwurf seines ‚Barbarentums' offiziell die Grundlage nahm.

Athen wurde von Philipp II. aufgefordert, nachträglich seiner Aufnahme in den Amphiktyonenrat zuzustimmen, was zu erhitzten Diskussionen in der *ekklesía* führte (*Dem. or.* 19,112-113), da man sich zusätzlich gedemütigt fühlte. Bald setzte sich aber ein pragmatisches Sicherheitsdenken durch, und man war froh, im Moment glimpflich davon gekommen zu sein. Die militärische Bedrohung durch Philipp II., dem auf dem Landweg von Makedonien aus die Wege durch Thessalien, das Gebiet der Delphischen Amphiktyonie, die von ihm immer noch gehaltenen Thermopylen, durch Boiotien bis nach Attika offen standen, und der auch in der Nordägäis Athens Handels- und Versorgungsinteressen nachhaltig schädigen konnte, blieb immer noch akut. So versuchte man nun, den „ungeliebten Frieden" (G. A. Lehmann) lieben zu lernen, indem man den Makedonenkönig auf gemeinsame Ziele verpflichtete und das Friedensarrangement nutzte, um für eine kommende Verteidigung gegen weitere makedonische Expansionsgelüste Kräfte zu sammeln.

Über die Truggesandtschaft

142. … Lasst uns nun die Ergebnisse aus dem Frieden (zwischen Makedonien und Athen) *für die pólis Athen einerseits und für die athenischen Gesandten* (= Aischines und Philokrates) *andererseits abwägen, und ihr werdet sehen, ob irgendwo eine Entsprechung zu finden ist. 143. Das Ergebnis für unsere pólis war der Verlust aller* (vormaligen) *Besitzungen und Bündner und dazu ein eidliches Versprechen an Philipp, dass, falls jemals ein Mann den Versuch unternähme, diese für uns zurückzugewinnen, ihr ihn bestrafen werdet und diesen Mann, der versuchen würde, euch euer Eigentum zurückzugeben, als einen Feind betrachtet, aber den Mann* (= Philipp), *der euch beraubt hat, als einen Verbündeten und Freund. 144. Das waren die* (Friedens)*Bedingungen, die Aischines unterstützte und Philokrates vorschlug. Am ersten Tag* (während der Debatte in der *ekklesía*) *hatte ich die Oberhand und überzeugte euch, die Entscheidung eurer Bündner* (die Friedensbedingungen nicht zu akzeptieren) *zu bestätigen und Philipps Gesandte zu rufen* (um sie darüber zu informieren), *aber Aischines erzwang eine Vertagung bis zum nächsten Tag, und dann überzeugte er euch, die Ansicht des*

Philokrates anzunehmen, die all diese (für Athen und die Bündner ungünstigen) *Vorschläge und andere noch zweifelhaftere Bedingungen enthielt. 145. Das ist, was der Friede* (des Philokrates) *in unsere pólis brachte, ihr könntet euch so leicht nichts Ehrloseres vorstellen. Was brachte es den Gesandten ein, die diese Unehre fabriziert haben? Ich sage nichts über den Reichtum* (der beiden Gesandten), *den ihr vor Augen habt – Wohnstätten, Schiffsholz, Getreide –, aber im Land unserer ausgeplünderten Verbündeten gibt es Landgüter und größere Farmbetriebe, die* (jährlich) *dem Philokrates ein Talent Pacht und dem Aischines 30 Minen* (ein halbes Talent) *Pacht einbringen. 146. Ihr Männer von Athen, es ist seltsam und unerträglich, dass die Katastrophe eurer Bündner euren Gesandten eine Vergütung einbringt, und dass ein und derselbe Friede der pólis, die die Gesandten ausgeschickt hat* (= Athen), *die Zerstörung der Bündner, den Verlust des Besitzes, Schande statt Ehre eingebracht hat, den Gesandten dagegen, die gegen ihre pólis gearbeitet haben, Einkünfte, Besitz, Landgüter und Luxus statt bitterer Armut. Um diese Anschuldigungen zu beweisen, ruft die Zeugen aus Olynth.* ***(Dem. or. 19)***

Der in diesen Jahren schon hochbetagte Logograph und Rhetoriklehrer Isokrates war ein Exponent der in der Forschung zumeist als „promakedonisch" bezeichneten Richtung innerhalb der athenischen Politik, deren Ziel eine für die Zukunft förderliche Zusammenarbeit mit Philipp II. war. Im Grunde war diese Ausrichtung aber ebenso „proathenisch" wie die Haltung des Demosthenes, der eine andauernde Abhängigkeit Athens von den Plänen des Makedonenkönigs befürchtete und deshalb die jetzigen Zugeständnisse als das geringere Übel ansah. Jedem Bürger Athens war es bewusst, dass es nur eine Frage der Zeit war, bis neue makedonische Forderungen eine militärische Auseinandersetzung unausweichlich machen würden. Die Aufnahme Philipps II. in den eigenen, als überlegen angesehenen kulturellen Kosmos, die Isokrates mit seiner Idee von einem Feldzug außerhalb der griechischen Landschaften ins ‚Barbarenland' vorschlug, hatte die Sicherheit Athens ebenso zum Ziel wie Demosthenes' *balance of threat*-Strategie, die Makedonien als den Staat mit dem größten Drohpotential von seinen jetzigen Verbündeten, insbesondere Theben, lösen sollte. Gleichzeitig sollte damit auch auf regionaler Ebene die unmittelbare Bedrohung durch den boiotischen Nachbarn Theben gemindert werden.

Isokrates, Philippos

15. … Du (= Philipp II.) *hast mehr Reichtum und Macht als alle Griechen, diese Dinge sind die einzigen auf der Welt, die dazu gemacht sind, zu überzeugen und zu erzwingen. Diese Hilfen werden nötig sein bei der Angelegenheit, die ich dir vorschlagen möchte. 16. Ich möchte dir raten, dich zum Anführer der griechischen Einheitsbewegung zu machen und einen Feldzug gegen die Barbaren* (= das Perserreich) *anzuführen. So wie die Überzeugung hilfreich im Umgang mit den Griechen ist, so wird der Zwang dienlich sein, wenn man mit Barbaren zu tun hat.… 154. … Ich behaupte, es obliegt dir, den Griechen Wohltaten zu erweisen, den Makedonen ein König zu sein und über so viele Barbaren wie möglich zu herrschen. Wenn du dies alles unternimmst, werden dir alle dankbar sein: Die Griechen, weil du gut zu ihnen bist, die Makedonen, weil du königlich, nicht tyrannisch über sie gebietest, und alle anderen Völker, weil du sie von barbarischer Despotie befreit hast und sie unter griechische Vormacht gestellt hast.* **(Isocr. or. 5)**

Athenische Politik im Schatten Makedoniens

Über den Frieden

13. Eines ist eine wichtige Vorsichtsmaßnahme: Falls jemand vorschlägt, für unsere pólis eine symmachía oder syntáxeis zu verhandeln, sollte dies nur unter Rücksichtnahme auf den derzeit bestehenden Frieden geschehen. Ich möchte nicht behaupten, der Friede sei ruhmreich oder ehrenwert, aber egal, was man über ihn denkt, es wäre uns dienlicher, ihn niemals abgeschlossen zu haben als ihn jetzt zu verletzen, weil wir bis jetzt so viel geopfert haben, was den Krieg damals sicherer und leichter gemacht hätte als er heute sein würde. 14. Die zweite Vorsichtsmaßnahme, ihr Männer von Athen, ist zu vermeiden, dass wir der Gemeinschaft, die sich selbst nun Amphiktyonenrat nennt, einen Grund geben, gegen uns vorzugehen.… 17. … Alle (Gemeinwesen) *möchten um ihrer selbst willen, dass sowohl die Thebaner als auch wir gleichzeitig existieren, so dass keiner von uns die Vorherrschaft gewinnt und damit Herrscher über die anderen wird. Wovor müssen wir uns nun fürchten? Dass nicht ein unausweichlicher Krieg den einzelnen Gemeinwesen einen gemeinsamen Anlass und einen gemeinsamen Kriegsgrund verschafft.… 24. … Wir erlauben also den Thebanern weiterhin, Oropos für sich zu beanspruchen, und falls jemand fragt, warum wir das tun, so sollten wir antworten: „Um einen Krieg zu verhindern." 25. Ebenso haben wir durch einen Vertrag mit Philipp unseren Anspruch auf Amphipolis aufgegeben, und wir erlauben, dass Kardia vom Rest der Chersonesos abgetrennt ist und dass die Karer die Inseln Chios, Kos und Rhodos für sich beanspruchen, und wir lassen zu, dass die Einwohner von Byzantion unsere Handelsschiffe zurückhalten, weil wir letztlich glauben, dass uns die Ruhe des Friedens nützlicher sein kann als die anhaltenden Auseinandersetzungen. Deswegen ist es reiner Wahnsinn, nachdem wir mit jedem einzelnen über unsere Interessen gestritten haben, in der jetzigen Lage gegen alle antreten zu wollen, und das nur für einen Schatten in Delphi.* ***(Dem. or. 5)***

Erläuterungen: Oropos: Grenzstadt zwischen Attika und Boiotien; **Kardia:** strategisch bedeutsame Siedlung auf der Chersonesos an der Grenze zu Thrakien (*Dem. or.* 23, 182), unter makedonischer Kontrolle; **die Karer:** Gemeint ist hier Indreus, persischer Satrap von Karien, Bruder des Maussol(l)os. Die genannten Inseln gingen Athen im Bundesgenossenkrieg an Maussol(l)os verloren; **Byzantion:** Die pólis fiel im Bundesgenossenkrieg von Athen ab und wandte sich aufgrund der thrakischen Bedrohung Philipp II. zu; **Schatten in Delphi:** Philipps II. Ansprüche auf Sitz und Stimme der Phoker in der Delphischen Amphiktyonie.

Demosthenes' Rede *Über den Frieden* (*Dem. or.* 5), gehalten im Spätsommer 346, zeigt exemplarisch, wie notwendig es für Athen war, nun im Netz der Allianzen vorsichtig zu agieren und auf keinen Fall zu provozieren. Die große Furcht aller war, dass Philipp II. militärische Interventionen im griechischen Raum als Angriffskriege interpretieren und dementsprechend seine *sýmmachoi* im Rahmen der Defensivbündnisse zur Heeresfolge auffordern könnte. Die Ergebnisse des Dritten Heiligen Krieges, vor allem die deutliche Stärkung der Thebaner und die makedonische Präsenz in Mittelgriechenland, führten schnell zu einem politischen Richtungsstreit, wobei die politischen Prozesse gegen Politiker wie Aischines, die als Exponenten einer auf Verständigung und eventuell auch Koexistenz mit dem Makedonenkönig abzielenden Politik galten, den Einfluss des Demosthenes in der Bürgerschaft deutlich stärkten. Trotz aller Mahnungen zur Vertragserfüllung sah Demosthenes eine neue militärische Konfrontation mit Philipp II. als unausweichlich an und betonte, dass man jetzt einen Konflikt vermeiden müsse, um für die kommenden Auseinandersetzungen gerüstet zu sein. Die Frage war nicht, ob, sondern wann sich der auf diplomatischer Ebene geführte ‚kalte' Krieg in einen ‚heißen' Krieg verwandeln würde.

Die Aktivitäten Philipps II. in der Zeit nach dem Philokrates-Frieden bestärkten die Athener in ihren Befürchtungen. Zuerst wandte er sich zwischen 345 und 344 der makedonischen West- und Nordgrenze zu und unterwarf auf dem illyrischen Feldzug die dortigen Stämme. Hier zog er sich erneut eine lebensgefährliche Verwundung zu, was natürlich in Griechenland aufmerksam registriert wurde (Isokrates, *ep. 2 ad Philippum; Dem. or.* 18, 67). Dann konzentrierte er sich erneut auf Mittelgriechenland, hier insbesondere auf Thessalien. Philipp II., der als *árchon* des Thessalischen Bundes schon den militärischen Oberbefehl über den thessalischen Heerbann hatte, strukturierte in dieser Zeit das gesamte Gebiet in vier große Verwaltungseinheiten um (Thessaliotis, Pelasgiotis, Hestiaiotis, Phthiotis), wodurch Truppenaushebungen und Steuererhebungen erleichtert und eine zu befürchtende eigenständige dynastische Konkurrenzmacht wie vormals in Larissa oder Pherai auf Dauer unterdrückt wurde. Die thessalische Neuordnung ließ nicht nur die Macht Philipps II. in der Delphischen Amphiktyonie wachsen, sondern schürte auch südlich der noch immer makedonisch besetzten Thermopylen Ängste. Für Athen war klar, dass Philipp II., selbst ohne Druck auf die athenischen Handelsrouten in der Nordägäis ausüben zu müssen, mit den promakedonischen Gebieten Thessalien, Euboia und Boiotien ein erstickendes Netz um Attika gezogen hatte.

Athen versuchte ab 344, die Beziehungen zur Peloponnes zu verbessern, und schickte Demosthenes als Gesandten zu den einzelnen *póleis*. Allerdings waren bis auf Sparta und Achaia sämtliche peloponnesischen Gemeinwesen promakedonisch eingestellt. In seiner *Zweiten Rede gegen Philipp* vom Herbst 344 sprach Demosthenes von Söldnern und Geldmitteln, die mittlerweile ihren Weg nach Messenien und Argos gefunden hätten. Gute zwei Jahre nach seiner zur Vorsicht mahnenden *Rede über den Frieden* sprach er wieder unverhohlen von der Möglichkeit eines Krieges und der Bedeutung, die dabei dem Erstschlag zukommt. Demosthenes' Deutung der makedonischen Politik als einer diplomatischen Einkreisungsstrategie gegenüber Athen ist sicherlich korrekt, vor allem wenn man die makedonische Förderung der Rolle Thebens und der euboiischen *póleis* in unmittelbarer Nachbarschaft zu Attika betrachtet. Dazu kam noch der Unmut in Athen über die makedonische Auslegung des Philokrates-Friedens. Während Philipp II. ungeachtet der athenischen Interessen seine expansionistische Bündnispolitik weiterbetrieb, hatte Athen auf Antrag des Isokrates-Schülers Androtion auf ein Symmachieangebot des persischen Großkönigs verzichtet, um die Beziehungen zu Makedonien nicht zu belasten.

Zweite Rede gegen Philipp

15. … Er (= Philipp II.) *wartet nicht nur, den Messeniern und den Argivern gegen die Lakedaimonier* (= Spartaner) *zu helfen, er sendet schon Söldner und materielle Unterstützung, und bald erwartet man ihn dort selbst mit einem großen Heer. Die Lakedaimonier, die noch überlebenden Feinde der Thebaner, will er vernichten, die Phoker dagegen, die er selbst vernichtet hat, will er nun verschonen? 16. Wer soll das denn glauben? Ich für meinen Teil glaube nicht, dass Philipp, selbst wenn er nur zögerlich und unter Druck handelt oder die Thebaner nun fallen ließe, jemals auf Dauer ihre Feinde unterstützen würde. Wenn wir sein jetziges Verhalten betrachten, wird deutlich, dass er in jenem Falle* (= der Übergabe von Orchomenos und Koroneia, ehemalige boiotische Bundesgenossen der Phoker, an Theben im Jahre 346) *aus eigenem Entschluss vorging, und alles weist darauf hin, dass sich seine gesamten Unternehmungen gegen unsere pólis richten. 17. Man kann sogar sagen, dass er dazu gezwungen ist. Denn beachtet: Er will herrschen, und ihr allein seid seine Rivalen* (um die Herrschaft). *Er hat euch schon seit langem Unrecht zugefügt, und er ist sich dessen wohl bewusst. Denn nur durch den Besitz eures Eigentums kann er alles Übrige sicher halten. Er meint, falls er Amphipolis und Poteidaia aufgäbe, könnte sein eigenes Land nicht mehr sicher sein. 18. Er weiß sehr wohl darüber Bescheid, dass er gegen euch arbeitet und dass ihr davon Kenntnis habt. Er geht davon aus, dass ihr Verstand besitzt und ihn somit hasst, und er ist auf der Hut, weil er einen Schlag von euch erwartet, wenn ihr die Gelegenheit dazu habt und er diesem Schlag nicht zuvorkommen kann. 19. Deswegen ist er wachsam und bereit loszuschlagen, und deswegen umgarnt er gewisse Leute zum Schaden unserer pólis, wie die Thebaner oder die Einwohner der Peloponnes, die auch seine Meinung teilen* (= Messenien und Argos). ***(Dem. or. 6)***

Philipp II., der mittlerweile ein weitverzweigtes Informantennetz in Griechenland unterhielt, blieb der Stimmungsumschwung in Athen als Reaktion auf seine Einkreisungspolitik nicht verborgen. So versuchte er im Frühjahr 343 mit dem Angebot einer Nachbesserung des Philokrates-Friedens eine neue Runde von diplomatischen Gesprächen zu eröffnen (*Dem. or.* 7,18-23). Letztlich stimmte der König jedoch den Forderungen der athenischen *ekklesía* nicht zu. Neben einer Schutz- und Autonomieklausel für die griechischen *póleis*, die zur Zeit des Philokrates-Friedens keine Bündnispartner der beiden Mächte waren, verlangte Athen die Verknüpfung dieser geplanten *koiné eiréne* mit dem Stand der jeweiligen Besitzverhältnisse vor dem Jahr 346. Damit wären erneut die makedonischen Rechte an Amphipolis und Poteidaia in Frage gestellt worden. Diese Nachbesserung hätte Athens Stellung in Südgriechenland, aber auch in der Nordägäis erheblich gestärkt, was in erster Linie zu Lasten der thebanischen und euboiischen Interessen gegangen wäre. Hieran merkt man, dass sich mittlerweile Politiker durchsetzten, die wie Demosthenes nicht mehr bereit waren, den athenischen Führungsanspruch Schritt für Schritt demontieren zu lassen.

Dies zeigt sich auch an den politischen Prozessen gegen Philokrates, gegen Aischines und gegen Androtion im Jahre 343. Der innenpolitische Einfluss von Euboulos, Phokion und Aischines sank merklich, während neben Demosthenes der Ankläger des Philokrates, Hypereides, und auch Lykourgos zu Exponenten eines deutlich antimakedonischen Kurses wurden. Dass die Sorgen innerhalb der athenischen Bürgerschaft hinsichtlich einer weiteren Verschiebung der Machtverhältnisse in Griechenland berechtigt waren, wurde im Verlauf der Jahre 343 / 42 deutlich. Nachdem der persische Großkönig Artaxerxes III. Ochos schon 350 den sogenannten Zweiten Satrapenaufstand niedergeschlagen hatte, konnte er später (341) das abtrünnige Ägypten zurückerobern und wurde damit in der östlichen Ägäis wieder zu einem beachtlichen Machtfaktor. Sein Bündnisangebot wurde – wie schon erwähnt – in Athen aufgrund möglicher Konflikte mit Makedonien abgelehnt, was jedoch Philipp II. nicht daran hinderte, eine *symmachía* mit Artaxerxes noch vor der Gewinnung Ägyptens einzugehen. Somit konnte er nicht nur einen für ihn gefährlichen Konkurrenten an sich binden, sondern gleichzeitig eine größere Allianz zwischen Persien und den bislang von Makedonien unabhängigen griechischen *póleis* verhindern: Ein möglicher *bandwagoning*-Effekt hätte ihn der Gefahr eines Mehrfrontenkrieges ausgesetzt.

Doch auch in Athen versuchte man nun, durch eine geschickte Bündnispolitik des *balancing* die makedonische Macht einzudämmen. Die von Demosthenes initiierte neue politische Richtung schlug sich nun in einer Vielzahl kleinerer Defensivbündnisse nieder, die zu ersten Erfolgen in der nördlichen Peloponnes und an der Westgrenze des griechischen Mutterlandes führten. Zu Beginn des Jahres 342 konnte eine durch eine Intervention Philipps II. in dynastische Streitigkeiten in Epeiros ausgelöste makedonische Bedrohung der Hafenstadt Ambrakia, Tochterstadt von Korinth, mit Hilfe einer rasch aufziehenden militärischen Präsenz Athens im Keim erstickt werden. Ebenso konnten die vormals Makedonien zugeneigten Regionen der Peloponnes (Achaia, Arkadien, Megalopolis und Messenien) überzeugt werden, in ein Defensivbündnis einzutreten, nachdem Philipp II. in dortige innergriechische Angelegenheiten eingriff (Naupaktis).

Als dem Makedonenkönig klar wurde, dass der ihm entgegenschlagende Widerstand von Athen bis in den Westen Griechenlands und auf die Peloponnes reichte, versuchte er, Athen durch eine erneute Nachbesserung des bestehenden Philokrates-Friedens auf seine Seite zu ziehen. Sein Angebot umfasste das von Athen schon vorgeschlagene Konzept einer *koiné eiréne* unter dem Schutz von Athen und Makedonien, gültig für alle Gemeinwesen, die ihr beitreten wollten, dazu die Übergabe der in der nördlichen Ägäis an der thessalischen Küste gelegenen Insel Halonnesos, die die Makedonen aus der Hand von Piraten befreit hatten, an Athen und die Einrichtung eines Schiedsgerichts bei Streitigkeiten über weitere Gebietsansprüche. Doch Athen lehnte das Angebot ab. Offiziell ging es um den Status der Insel Halonnesos, die Philipp II. laut athenischer Argumentation nicht *übergeben* konnte, da sie den Athenern gehörte, sie also den Athenern als ihr Besitz *zurückgegeben* werden musste (*Dem. or.* 7,2-7), und erneut um den athenischen Besitzanspruch auf Amphipolis (*Dem. or.* 7,24-30). Inoffiziell war es den Athenern klar, dass ihre derzeitigen Verbündeten die Annahme des makedonischen Angebotes als Verrat deuten würden. Sie mussten einkalkulieren, dass mit einer möglichen *koiné eiréne* der Expansionspolitik Philipps II. nicht beizukommen war und er ihnen am Ende durch ähnliche Angebote an andere *póleis* die Verbündeten entziehen könnte. „Von nun an beschränkte sich der makedonische König jedoch in seinen offiziellen Kontakten mit der Polis Athen auf die Übersendung von Beschwerdebriefen und geharnischten Protestnoten.“ (G.A. Lehmann)

Forschungsmeinungen:

Dessen (= *Philipps II.*) Person mit ihren Charakterzügen schwindet zugleich jetzt auffallend aus dem Blickfeld: Er wird für Demosthenes in diesen Jahren mehr und mehr offenkundig zur Verkörperung einer allgemeinen antimoralischen Kraft, die an ihren Gegnern Schwächen bloßlegt, indem sie sie benutzt. Die ursprünglich ethnisch-biologische Erklärung von Philipps Fortschritten verlagert sich damit ins Moralische, wobei auch das Barbarentum einen neuen entsprechenden Sinnzusammenhang erhält. Gewinnt aber damit der Kampf gegen Philipp den Charakter einer Selbstbefreiung zur Rettung der ethischen Grundlagen, die bisher die griechische Geschichte bestimmt hatten, so weiß Demosthenes freilich über den künftigen Gesamtzustand dieses Griechenlands nach seiner Befreiung aus der Gefahr so gut wie nichts zu sagen. ***(Gerhard Wirth: Philipp II. Geschichte Makedoniens Band 1, Stuttgart 1985, 111)***

Demosthenes and the war-party destroyed it (= *Hoffnung auf Koexistenz mit Makedonien*) – an act of great political folly. For Demosthenes had no alternative other than a war, which Athens could not win. The war for Amphipolis had proved that she could not succeed in containing Philip in Macedon even before the great increase in Macedonian strength which the eastward extension of the kingdom had brought, let alone succeed in destroying it. Demosthenes however had learned nothing – Athens, he supposed, could return to plundering and ravaging much of Philip's land, and ‚a multitude else'. It had all been tried before and found ineffective. Worse still, since 346 Philip had kept a garrison in Nicaea, the town that dominated Thermopylae, and had open access to Greece. How was he to be kept out of Attica itself? ***(George Cawkwell: Philip of Macedon, London 1978, 128)***

Die Anhänger des Demosthenes wollten eine weitere Ausdehnung des Einflusses Philipps in Regionen, in denen Athen strategische Interessen hatte, mit allen diplomatischen und notfalls auch mit militärischen Mitteln aufhalten. Ihre Anführer waren fest von Philipps aggressiven Plänen gegenüber Athen überzeugt und setzten auf eine Politik der ‚Eindämmung' Makedoniens. Sie fürchteten, bei längerem passiven Zuwarten werde angesichts der ungebremst fortschreitenden makedonischen Machtexpansion die traditionsreiche Polis Athen am Ende zum Opfer eines Einkreisungs- oder Strangulationsprozesses werden. ***(Johannes Engels: Philipp II. und Alexander der Große, Darmstadt 2006, 34)***

Die Zuspitzung des Konflikts

Zwei große Konfliktherde ließen schließlich den ‚kalten Krieg' in eine ‚heiße' Phase münden. Seit dem Frühjahr / Sommer 348 war Attika auf engstem Raum der Bedrohung durch eine Vielzahl von makedonenfreundlichen *póleis* auf Euboia ausgesetzt gewesen, doch mit der Zeit setzte sich bei den euboiischen Gemeinwesen eine Unabhängigkeitsbewegung durch, die in Form eines *koinón* umgesetzt werden sollte. Federführend daran beteiligt waren Kallias und Taurosthenes von Chalkis, die sich nach Sondierungen in Makedonien und Theben schließlich an Athen wandten. Makedonien und Theben hatten natürlich kein Interesse an einer neuen Mittelmacht in Zentralgriechenland, während die attische Küstenlinie durch ein Bündnis mit Euboia stärker abgesichert gewesen wäre. Das Bündnis mit Chalkis kam im Frühjahr 341 zustande, einige Monate später konnte der athenische Stratege Phokion den makedonenfreundlichen Tyrannen Philistes von Oreos vertreiben und somit die wichtigsten *póleis* auf Euboia (Chalkis, Oreos und Eretria) zu einer *symmachía* mit Athen zusammenschließen. Dies war die Grundlage für die Konstituierung des Euboiischen Bundes im Frühjahr 340. In der Folgezeit plünderte Kallias von Chalkis mit Hilfe athenischer Trieren nicht nur thessalische *póleis* am Golf von Pagasai, sondern eroberte auch die immer noch makedonisch besetzte Insel Halonnesos (*Dem. or.* 12,12).

Der zweite, seit Jahren schwelende Konfliktherd befand sich in Thrakien. Nach seinem Eingreifen in Epeiros führte Philipp II. seit 342 militärische Operationen im gesamten Küstengebiet bis zur Chersonesos durch, um seinen Einflussbereich in Richtung der Meerengen zu erweitern. Einerseits wollte er die thrakischen Gebiete endgültig unter makedonische Herrschaft stellen, was ihm 342 mit der Annektion des Odrysenreiches auch gelang, wobei sich Kersobleptes noch hilfesuchend, aber erfolglos an Athen gewandt hatte. Andererseits war es nicht zuletzt die vom erstarkten Perserreich ausgehende Bedrohung seiner Hegemonialansprüche im Ägäisraum, die ihn zu einem Bruch der makedonisch-persischen Annäherung und einer stärkeren militärischen Präsenz auf der Chersonesos bewegten. Dieses Mal allerdings erwuchs der Konflikt aus dem aggressiven Vorgehen des athenischen Strategen Diopeithes, der sicherlich in Abstimmung mit der athenischen *ekklesía* handelte. Unter dem Schutz des Diopeithes wurden im Amtsjahr 343/42 athenische Kleruchen auf der Chersonesos angesiedelt, wobei mit Hilfe von Söldnern auch makedonische Siedlungen in Thrakien überfallen wurden. Gleichzeitig griff Diopheithes auch die mit Makedonien verbündete *pólis* Kardia auf der Chersonesos an.

Auf Beschwerden Philipps II. in Athen und die Forderung nach Rückberufung des Strategen antwortete Demosthenes in seiner *Rede über die Angelegenheiten in der Chersones* im Frühjahr 341 mit einer harten Haltung, die sicherlich auch durch die gleichzeitigen Erfolge in Euboia und Thrakien gestützt wurde. Er stellte die Aktionen des Diopeithes als Hilfeleistung an Verbündete (*Dem. or.* 8,8) und die Anwesenheit Philipps II. in Thrakien als Aggression dar (*Dem. or.* 8,14). Gleichzeitig forderte er eine Aufstockung der *stratiotikón*-Kasse, um durch ein Aufrüsten entweder den Frieden zu sichern oder den Krieg gewinnen zu können (*Dem. or.* 8,47). Nun änderte sich auch sein rhetorisches Vorgehen gegen den Makedonenkönig: Nach der Barbaren- und Tyrannentopik der früheren Reden stellte Demosthenes jetzt als Zentrum des politisch-militärischen Konflikts die Erhaltung der Demokratie dar und kontrastierte diese traditionsreiche und gewinnbringende Lebensform mit der zerstörerischen Kraft des ‚Anti-Demokraten' Philipp. Die moralische Ausschließlichkeit, mit der Demosthenes den Konflikt zu einem ideologischen Kampf um Werte und Ideale machte und gleichzeitig keine Form der Koexistenz mehr anerkannte, war allerdings in ihrer

Konsequenz für einen möglichen Frieden keinen Deut förderlicher als das damalige Ultimatum Philipps II. an die Olynther (s. o. S. 49).

Rede über die Angelegenheiten in der Chersones

40. … Das Hauptziel seiner (= Philipps II.) *militärischen und diplomatischen Bemühungen ist unsere freiheitliche Verfassung. Nichts ist für ihn wichtiger als diese zu vernichten. 41. Für ihn ist es ganz natürlich, so zu handeln. Denn er weiß ganz genau, dass, selbst wenn er Herr über alle Völker wäre, seine Macht immer anfechtbar wäre, so lange bei euch eine demokratische Verfassung besteht. Falls ihm etwas passieren würde, wovor kein Mensch gefeit ist, würden alle Kräfte, die nun unter Zwang bei ihm versammelt sind, unter euren Schutz flüchten. 42. Denn ihr seid von Natur aus nicht diejenigen, die sich bereichern oder eine Zwangsherrschaft errichten wollen, aber ihr seid geschickt darin, einen anderen daran zu hindern oder sie ihm wieder zu entreißen, und ihr reagiert schnell, wenn es gegen diejenigen geht, die herrschen wollen, und wenn es darum geht, den Leuten die Freiheit zu verschaffen. … 60. Anders als bei anderen Gemeinwesen geht es bei euch um mehr. Philipp will die pólis* (Athen) *nicht in seine Gewalt bringen, er will sie vernichten. Er weiß ganz genau, dass ihr euch niemals versklaven lasst, oder, falls dies geschehen sollte, ihr euch auf Dauer niemals seiner Herrschaft unterwerfen würdet, weil ihr daran gewöhnt seid, selbst zu herrschen. Auch ist ihm klar, dass, wenn sich die Gelegenheit böte, ihr ihm immer mehr Schwierigkeiten machen würdet als andere.* **(Dem. or. 8)**

Die darauffolgende *Dritte Rede gegen Philipp* vom Sommer 341 demonstriert die Politik des Demosthenes noch deutlicher. Sie besteht zu großen Teilen aus einer eindrucksvollen Abrechnung mit der makedonischen Politik seit dem Herrschaftsantritt Philipps II. (*Dem. or.* 9,21-70), aber enthält auch den Aufruf an alle griechischen Gemeinwesen, Philipp II. als Feind aller Griechen anzuerkennen und diesen Mann gemeinsam zu bekämpfen, *der weder Grieche noch verwandt mit den Griechen ist, der nicht einmal ein Barbar aus einem Land ist, das man mit Ehren nennen kann, sondern ein Schurke aus Makedonien, woher man bislang noch nicht einmal brauchbare Sklaven beziehen konnte* (*Dem. or.* 9,31).

Dritte Rede gegen Philipp

… 21. Dass Philipp aus so kleinen und bescheidenen Anfängen zu einer solchen Größe aufstieg, dass die Griechen untereinander derart misstrauisch und zerstritten sind und dass der Zuwachs an Macht,

den Philipp in den letzten Jahren erfuhr, ein größeres Wunder war als der Abschluss seiner Eroberungen, nachdem er schon so viel gewonnen hatte, darüber will ich gar nicht mehr sprechen. 22. Allerdings sehe ich, dass alle Menschen, und ihr im Besonderen, ihm jedes Mal, wenn die Griechen einen Krieg führten, etwas zugestanden habt. Was sollte dies sein? Die Macht, zu tun was er wünscht, in aller Seelenruhe eine griechische Stadt nach der anderen zu plündern und auszurauben und, indem er die Städte angreift, die Griechen zu Sklaven zu machen. … 70. … Wir müssen Vorsorge für unsere Verteidigung treffen, und zwar mit Kriegsschiffen, finanzieller Ausstattung und Soldaten, denn selbst wenn sich alle anderen damit abfinden, in Sklaverei zu leben, so müssen wir den Kampf um die Freiheit antreten. 71. Wenn wir alle Vorbereitungen abgeschlossen und unsere Absichten deutlich gemacht haben, dürfen wir keine Zeit verlieren und müssen auch die anderen (Griechen) *dazu anhalten. Um sie davon zu unterrichten, schicken wir dann Gesandte zu ihnen, zur Peloponnes, nach Rhodos, nach Chios, zum Großkönig – denn auch seine Interessen werden davon berührt, wenn wir ihn* (= Philipp II.) *davon abhalten, alles zu unterjochen –, so dass ihr im Bündnisfall jemanden habt, der die Gefahren und die Ausgaben mit euch teilt, und falls der Bündnisfall nicht eintritt, so ist wenigstens der Zeitverlauf etwas verlangsamt worden. 72. Denn da der Krieg gegen einen Mann geführt wird und nicht gegen ein in sich geschlossenes Gemeinwesen* (wie es Athen in der Idealvorstellung des Demosthenes ist), *so ist auch ein Zeitgewinn von Nutzen. Ebenso wenig nutzlos waren die Gesandtschaften, die mich im letzten Jahr gemeinsam mit Polyeuktos und Hegesippos und anderen von Stadt zur Stadt auf der Peloponnes führten und die dazu führten, dass er* (Philipp) *weder Ambrakia einnehmen noch die Peloponnes betreten konnte. 73. … Ich sehe es als notwendig an, dass wir finanzielle und materielle Unterstützung zur Chersonesos senden und alle ihre Forderungen erfüllen, und während wir uns vorbereiten, müssen wir die übrigen Griechen herbeirufen, sammeln, informieren und ermahnen. Das ist die Pflicht einer pólis, die einen so guten Ruf hat wie die eure.* ***(Dem. or. 9)***

Literatur

G. Cawkwell, Philip of Macedon, London 1978

J. Engels, Philipp II. und Alexander der Große, Darmstadt 2006

G.A. Lehmann, Demosthenes von Athen. Ein Leben für die Freiheit, München 2004

6

Demosthenes' Kampf um die griechische Freiheit

Der Hellenenbund (340): Die gesamtgriechische Makedonenabwehr

341 war das Jahr, in dem sich der Konflikt zwischen Athen und Philipp II. rasant verschärfte. Nachdem sich die euboiischen Städte dem makedonischen Einfluss entzogen hatten und die Loyalität der vormals gesicherten thrakischen Küstenregion bröckelte, sah sich der Makedonenkönig gezwungen, in der Nordägäis Stärke zu zeigen. Er musste sich einerseits gegen den erstarkten persischen Großkönig behaupten und andererseits bei den strategisch wertvollen *póleis* Perinthos und Byzantion das erneut aufkommende Interesse am alten Bündnispartner Athen unterbinden. Im Kräftespiel der großen Drei (Makedonien, Persien und Athen) ging es nicht nur um die Kontrolle des Schwarzmeerzugangs, sondern auch um den Brückenkopf nach Asien. Athen konzentrierte sich in diesem Raum stärker auf die Chersonesos, von der man die Durchfahrt durch die Propontis regulieren und sehr schnell die vorgelagerten Inseln und Küstenpóleis Kleinasiens erreichen konnte. Philipp II. dagegen hatte auch das spätere Ziel eines Persienfeldzuges vor Augen: Dieses Projekt konnte allerdings nur gelingen, wenn er die griechischen Landschaften unter nicht mehr angefochtener makedonischer Hegemonie zurücklassen konnte.

Schon kurze Zeit nach seiner *Dritten Rede gegen Philipp* hielt Demosthenes seine *Vierte Rede gegen Philipp* (Sommer 341). Aufgrund teilweise wörtlicher Wiederholungen längerer Passagen aus der früheren *Rede über die Angelegenheiten in der Chersones* (*Dem. or.* 8) und in geringerem Maße aus der *Zweiten Rede gegen Philipp* (*Dem. or.* 6) wurde in der älteren Forschung häufig die Echtheit der Rede angezweifelt. Doch ist es durchaus vorstellbar, dass Demosthenes in einer so prekären politischen Lage wie im Sommer 341 seine in Athen längst bekannten Argumente nochmals aufnahm. Im Grunde hatte sich Demosthenes' Haltung seit den Olynthischen Reden nicht verändert: Er fokussierte im außenpolitischen Bereich auf die Einkreisungsstrategie Philipps II. Dazu wandte er sich gegen die innenpolitischen Gegner, die seiner Ansicht nach durch ihre Annäherungspolitik als ‚Steigbügelhalter' des makedonischen Hegemonialanspruchs dienten. Als wichtigste Maßnahme beim Unterfangen, dem Makedonenkönig auf Augenhöhe zu begegnen, forderte er eine erhöhte militärische Flexibilität Athens. Dies konnte nur durch verstärkte finanzielle Aufwendungen erreicht werden, wobei die *stratiotiká* mit freiwilligen Zuwendungen (*leiturgía*) der Wohlhabenden gefüllt werden sollten (*Dem. or.* 10,41-45). Die seit Euboulos bestehende politische Unantastbarkeit der *theoriká* war auch für Demosthenes eine *conditio sine qua non*, allerdings kaum aufgrund echter Überzeugung. Die athenische Bürgerschaft war noch nicht dazu bereit, ihre Subventionen in die „Kriegskasse" zu überführen. In den demosthenischen Reden ist durchgängig eine zunehmende Dämonisierung des Makedonenkönigs vom Tyrannen und Barbar zum ‚Antigriechen' zu beobachten. Da der Eindämmung der makedonischen Macht durch die athenische *balance*-Politik kein Erfolg beschieden war, musste Demosthenes zur rhetorischen *ultima ratio* greifen und den politischen Kampf um Einflussnahme im Ägäisraum zu einem ideologischen Kampf zwischen zwei Lebensformen – der freiheitlichen Grundordnung der (demokratischen) *pólis* mit ihren Idealen Gleichheit, Gesetzestreue und Meinungsfreiheit im Vergleich zu einer Sklavenexistenz unter tyrannischer Zwingherrschaft – überhöhen. Eine derartige Präsentation des Konfliktes mit Makedonien war das durchschlagende Argument, mit der man alle Gemeinwesen im griechischen Kulturraum erreichen konnte.

Vierte Rede gegen Philipp

4. Die Griechen in jeder Stadt sind in zwei politische Lager gespalten. Die einen lehnen es ab, andere beherrschen zu wollen oder von anderen versklavt zu werden, sondern sie wollen in einem politischen Gemeinwesen in Freiheit und unter gleichen Gesetzen leben. Die anderen wollen ihre Landsleute beherrschen und gleichzeitig fremdbestimmt sein, so dass sie dadurch ihre Ziele leichter erreichen können. Diejenigen, die auf seiner (= Philipps II.) *Seite stehen, die nach Tyrannis oder Gewaltherrschaft streben, haben überall die Vorherrschaft erreicht, und ich glaube nicht, dass außer bei uns noch irgendwo eine stabile Demokratie besteht. 5. Darüber hinaus haben diejenigen, die gestützt auf seine* (= Philipps II.) *Hilfe mittlerweile die Vorherrschaft in unserer pólis ausüben, sich diesen Platz durch allerlei politische Schlichen erkämpft, vor allem durch ihre Bestechlichkeit und zweitens, nicht weniger wirksam, durch die Möglichkeit der Verfügung über eine große Streitmacht.* ***(Dem. or. 10)***

Diese Argumentation zeigte sofort ihre Wirkung. Die ersten Verbündeten, die die athenischen Gesandtschaften unter Demosthenes und Hypereides im Herbst 341 freundlich empfingen, waren die alten *sým-machoi* aus dem Zweiten Athenischen Seebund: Rhodos, Kos, Chios und Byzantion. Diese waren auch in wirtschaftlicher Hinsicht durchaus mächtige Gemeinwesen, die sich nicht als Spielball unterschiedlicher Hegemonialbestrebungen benutzen lassen wollten. Schließlich waren sie es gewesen, die im Bundesgenossenkrieg (357–355) durch ihren Ausstieg aus dem Seebund Athen die maritime Machtgrundlage zeitweise entzogen hatten. Und so kam es im Frühjahr 340 nicht nur zur erwähnten Gründung des mit Athen verbündeten Euboiischen Bundes (*Aischin.* 3,94), sondern auch zur Konstituierung des Hellenenbundes, der finanziell und militärisch komplett vom Seebund abgekoppelt war. Neben Athen als Führungsmacht und Sitz des *synhédrion* gehörten Euboia, Lokris, Achaia, Messenien und Byzantion dazu. Etwas später schlossen sich Korinth, Kerkyra und Leukas an. Durch zu leistende *syn-táxeis* konnte der Bund mit einer Flotte von 100 Trieren und ein Kontingent von Söldnern und Bürgersoldaten ausgestattet werden (*Aischin.* 3,95-98; *Dem. or.* 18,237).

Philipp II. blieb dieser Umschwung natürlich nicht verborgen. Im Sommer 340 begann er mit der Belagerung von Perinthos und kurz darauf von Byzantion, um endgültig die Kontrolle über den Bosporos zu erlangen und aufkeimende Allianzen, die sich gegen ihn richten könnten, zu ersticken. Beide *póleis* wurden in ihrem Abwehrkampf von Athen und von Arsites, dem persischen Satrapen von Phrygien, unterstützt. Zwar hatte der persische Großkönig die Bitte einer athenischen Gesandtschaft um *symmachía* im Jahre 341 abgelehnt, ebenso wie es die Athener mit dem persischen Angebot vor nicht allzu langer Zeit getan hatten, man kann aber sicher sein, dass Arsites im Einvernehmen mit Artaxerxes handelte.

Schließlich hatte Artaxerxes III. Ochos seit der Unterredung mit der athenischen Gesandtschaft damit begonnen, den dezidiert ‚makedonenfeindlichen' Politikern wie Demosthenes oder Hypereides beachtliche Geldmittel als Subsidien zur persönlichen Verwendung zukommen zu lassen. Außerdem kann der Eintritt der unter persischer / karischer Kontrolle stehenden Inselpoleis Chios und Rhodos in den Hellenenbund nur mit seinem Einverständnis geschehen sein (*Dem. or.* 10,31-35).

Athenische Kontingente unter Chares sollten die Propontis und eigene Siedlungen auf der Chersonesos gegen einen makedonischen Angriff von See aus schützen. Man wollte so mit einer Zangenbewegung

Philipp II. aus dem sensiblen Bereich der Meerengen zurückdrängen. Der Makedonenkönig konnte zwar Perinthos und Byzantion nicht erobern, errang aber einen Teilerfolg, als er mit einer Invasion der Chersonesos vom thrakischen Umland aus die Seeblockade des Chares aufhob. Dann stationierte er eine Flotte an der nördlichen Einfahrt zur Meerenge, die im Herbst 340 den griechischen Getreidekonvoi unter athenischem Geleitschutz, insgesamt ca. 240 Schiffe, im Wert von 700 Talenten kaperte. (Zum Vergleich: Die jährlichen Staatseinkünfte Athens betrugen in dieser Zeit 400 Talente.) Nach dem folgenden diplomatischen Schlagabtausch (*Dem. or.* 18,73-79) erklärte auf Antrag des Demosthenes die athenische *ekklesía* Philipp II. den Krieg, und die Stelen auf der *agorá*, auf denen der Friedensvertrag von 346 inschriftlich verzeichnet war, wurden umgestürzt. In der im Sommer 330 gehaltenen *Kranzrede* rekapitulierte Demosthenes ausführlich die Ereignisse und wiederholte seine damaligen Argumente.

Rede über den Kranz

71. Es gab jemanden (= Philipp II.), *der nahm Euboia ein und nutzte es, um gegen Attika vorzugehen, der griff Megara an, nahm Oreos ein, zerstörte Porthemos, setzte den Tyrannen Philistides in Oreos und Kleitarchos in Eretria ein, machte sich den Hellespont untertan, belagerte Byzantion, zerstörte einige griechische póleis, führte verräterische Exulanten in andere zurück. Beging er durch diese Taten Unrecht, brach den Vertrag, verletzte die Friedensbedingungen, ja oder nein? War es richtig, dass einige Griechen aufstanden und gegen diese Aggressionen vorgingen, ja oder nein? 72. Wenn es nicht richtig war und Griechenland buchstäblich Feigheit an den Tag legte, obwohl die Athener* (als Teil der Griechen) *noch am Leben waren, dann bin ich jemand, der sich in fremde Angelegenheiten ungefragt einmischt, und auch die pólis* (Athen) *ist so jemand, weil sie auf mich gehört hat, und gebt mir dann die Schuld für alle ihre Fehler. Aber wenn es richtig war, dass jemand eingreifen sollte, wer sollte die Verantwortung dann tragen, wenn nicht das athenische Volk? Das war damals meine politische Vorgehensweise. Ich sah jemanden* (= Philipp II.), *der alle Menschen versklaven wollte, und ich habe mich ihm in den Weg gestellt. Ich habe niemals aufgehört, euch davor zu warnen, etwas aufzugeben. 73. Oh Aischines, der Frieden wurde durch ihn* (= Philipp II.) *gebrochen, als er die Händler* (= den Getreidekonvoi) *ergriff. … 87. Als Philipp aus Euboia durch eure Schilde* (= Armee) *vertrieben wurde – und auch durch meine*

> *politische Arbeit und die von mir beantragten Volksbeschlüsse, auch wenn das mancher nicht gerne hört – da schmiedete er erneut einen Plan, die pólis* (Athen) *anzugreifen. Er sah, dass wir mehr Getreide verbrauchen als andere Menschen, und so wollte er sich zum Herrn über die Getreidelieferungen machen. Er rückte nach Thrakien vor und versuchte Hilfe von seinen Verbündeten, den Einwohnern von Byzantion, im Krieg gegen euch zu bekommen. Als sie ihm die Heeresfolge verweigerten, weil ihr Bündnisvertrag eine derartige Hilfeleistung nicht vorsah, begann er damit, die pólis mit allerlei Gerät zu belagern. 88. … Wer sandte Verstärkungen nach Byzantion und löste die Belagerung auf? Wer verhinderte den Abfall des Hellespont in dieser Zeit? Ihr, Männer von Athen, und wenn ich sage ihr, dann meine ich die gesamte Bürgerschaft* (= arm und reich). ***(Dem. or. 18)***

Die moderne Forschung ist sich nicht darüber einig, weswegen Philipp II. den Getreidekonvoi aufbrachte und die Fracht später verkaufte. Es muss ihm klar gewesen sein, dass er Athen und die attische *chóra* dadurch keiner akuten Hungersnot aussetzte, die ein schnelles Einlenken der *ekklesía* hätte bedeuten können. Athen deckte in diesen Jahren nur ca. die Hälfte des Getreidebedarfs durch Importe aus dem Schwarzmeerbereich (*Dem. or.* 20,31), dazu waren derzeit die Handelsrouten nach Ägypten ungefährdet und für Athen im guten Einvernehmen mit Persien eine sichere Option. Dass Philipp II. sich schon durch den athenischen Angriff auf Kardia im Jahre 341 in einem regulären Krieg mit Athen wähnte und die Getreideflotte als Kriegsbeute ansah, erscheint zweifelhaft. Betrachtet man die Quellenlage, war in Athen eine eventuelle ‚Kriegserklärung' offenbar nicht angekommen. Es war sicherlich eine Zeit der eskalierenden militärischen Spannungen „in einem Zustand von feindseliger Neutralität" (G. Wirth), in der sich der Makedonenkönig nicht nur einer wachsenden griechischen Opposition ausgesetzt sah, sondern auch den Verbündeten und den eigenen Untertanen nach einer gewissen Phase der Rückschläge in Thrakien eine Demonstration seiner Stärke und des materiellen Erfolges schuldig war.

Demosthenes stand zu dieser Zeit auf dem Höhepunkt seines Ansehens innerhalb der athenischen Bürgerschaft. Er hatte durch seine kontinuierliche Opposition gegen die Bestimmungen des Philokrates-Friedens im innenpolitischen Bereich die Mehrheit der *ekklesía* auf seine Seite gebracht, sicherlich nicht zuletzt wegen seiner konziliianten Haltung gegenüber der von Euboulos geschaffenen finanziellen Ordnung. Außenpolitisch stand Athen aufgrund seiner geschickten Bündnispolitik glänzend da: Die Herauslösung strategisch bedeutender Regionen aus dem makedonischen Einflussbereich und die Vorfeldsicherung des eigenen Landes war die Zielsetzung, die er mit der Schaffung eines Athen wohlgesonnenen Euboiischen Bundes und der Initiierung des Hellenenbundes als Defensivbündnis gegen Philipp II. in kürzester Zeit verwirklichte. Die persönliche Verfügung über persische Subsidien stärkte seine Position und die seiner politischen Freunde zusätzlich. Die Bürgerschaft dankte es Demosthenes mit der Verleihung eines goldenen Ehrenkranzes: die höchste Ehre, die man in der demokratisch verfassten *face-to-face society* als Anerkennung für seine Verdienste um das Gemeinwesen erreichen konnte.

Die allgemeine Wertschätzung seiner Politik ermöglichte es Demosthenes auch endlich, seinen schon seit Jahren vorgetragenen Plan einer Umstrukturierung des athenischen Finanzhaushaltes in Kriegszeiten und eine Reform des trierarchischen Systems durchzusetzen. Im Herbst 340, wohl nach der Kriegserklärung an Philipp II., wurde er zum *epistátes toú nautikoú* („Vorsteher über das Flottenwesen") gewählt und brachte ein Gesetz ein, wonach die 300 reichsten Bürger, die zur *trierarchía* ebenso wie zur *proeísphora* (seit 362) verpflichtet waren, „bevorzugt bzw. ausschließlich herangezogen wurden" (H. Leppin). Des Weiteren wurde auf Antrag des Demosthenes im Jahre 339 ein *pséphisma* der athenischen *ekklesía* verabschiedet, infolge dessen in das *stratiotikón* nun auch Überschüsse aus anderen Kassen, vor allem aus dem *theorikón*, eingezahlt werden konnten (*Dem. or.* 18,102-104).

Forschungsmeinung:
Auffällig ist, daß in beiden Fällen (Reformen: 362 proeísphora und 340 trierarchía) eine Steuer bzw. eine steuerähnliche Abgabe und eine Leiturgia verschmolzen wurden: Die Eisphora wurde mit der Leiturgie der Proeisphora verbunden, die Trierarchie hatte durch die Einrichtung der Symmorien einen steuerähnlichen Charakter gewonnen, da der für eine Leiturgie typische persönliche Einsatz für die meisten Beteiligten fortfiel. Die war fiskalisch betrachtet sinnvoll. ***(Hartmut Leppin: Die Verwaltung öffentlicher Gelder im Athen des 4. Jahrhunderts v. Chr. In: W. Eder (Hg.), Die athenische Demokratie im 4. Jahrhundert v. Chr. Vollendung oder Verfall einer Verfassungsform?, Stuttgart 1995, 568)***

Die Athener hatten in diesen Monaten Zeit, sich um die finanzpolitische Neuordnung zu kümmern, da Philipp II. sich nach der athenischen Kriegserklärung nicht sofort gegen den Hellenenbund wandte. Nach dem Einsatz der Bundesflotte unter Phokion mit Kontingenten aus Rhodos, Kos, Chios und Tenedos konnten die makedonischen Schiffe aus der Propontis ins Schwarze Meer zurückgedrängt werden. Philipp II. brach daraufhin die erfolglosen Belagerungen von Perinthos und Byzantion im Frühjahr 339 ab und zog gegen den greisen Skythenkönig Ateas an der unteren Donau. Dieser Feldzug lässt sich ebenso wie das Aufbringen der griechischen Getreideschiffe als ein Versuch deuten, neues militärisches Prestige und als sichtbares Zeichen des Sieges reiche Beute zu erringen. Diese wurde ihm allerdings auf dem Rückmarsch von den Triballoí, einem thrakischen Volksstamm, wieder abgejagt, gleichzeitig wurde Philipp II. erneut schwer verwundet und zog sich im Herbst 339 nach Pella zurück.

Der Vierte Heilige Krieg (340 / 39 – 338): die Expansion Philipps II. in den Süden

Die Situation hatte sich für den Makedonenkönig mittlerweile sehr ungünstig entwickelt. Blieb die politische Großwetterlage im Ägäisraum auf Dauer so bestehen, hätten nicht nur seine Erfolge der letzten Jahre zunichte gemacht werden können, sondern er würde auch – durch einen möglichen Mehrfrontenkrieg bedroht – in einem Dominoeffekt sämtliche Besitzungen verlieren. In dieser Situation eines notwendigen Atemholens, nicht zuletzt bedingt durch seine schwere Verletzung, kam ihm allerdings ohne sein Zutun eine innergriechische Konfliktsituation äußerst gelegen, nämlich der Krieg um Amphissa, in der Forschung als Vierter Heiliger Krieg gezählt.

Während seiner Abwesenheit hatten sich die Thebaner und die Thessaler zu Konkurrenten um die Vormachtstellung in der Delphischen Amphiktyonie entwickelt. Es waren wohl die Thebaner, die die ozolischen Lokrer von Amphissa dazu brachten, Klage gegen Athen wegen der nach dem Tempelbrand von 373 erfolgten erneuten Aufstellung von goldenen Schilden (als Erinnerung an den Sieg bei Plataiai im Jahre 479) im – noch nicht geweihten! – Apollon-Tempel von Delphi zu führen. Aischines, der 340 / 39 als *pylágoros* (Ratgeber des offiziellen athenischen *hieromnémon* im Amphiktyonenrat) die Anschuldigungen in Delphi entkräften sollte, wandte die forensische Strategie an, die lokrischen Ankläger zu Angeklagten zu machen (*Aischin.* 3,115-122) und verfluchte sie feierlich. Der Anklagepunkt war die von Amphissa unternommene widerrechtliche Bebauung der Region um Krisa und des

Hafens von Kirrha, die seit dem Ersten Heiligen Krieg *hierá chóra* und damit dem Nutzen entzogen war. Der Amphiktyonenrat berief daraufhin im Herbst 339 eine außerordentliche Versammlung ein, an der die Athener nicht teilnahmen (*Aischin.* 3,126-127), da sie die Verbündeten Amphissas, die Thebaner, für den Hellenenbund gewinnen wollten. Auch die Thebaner nahmen an der Sitzung nicht teil, auf der der Krieg gegen ihren *sýmmachos* Amphissa beschlossen wurde. Sie hatten unterdessen die Gelegenheit genutzt und die makedonischen Truppen aus Nikaia bei den Thermopylen vertrieben, da sich der Makedonenkönig auf dem Skythenfeldzug befand (*Aischin.* 3,128).

Aischines' Rede gegen Ktesiphon

118. ... Ich möchte den Rest übergehen, aber es fiel mir ein, die Gottlosigkeit der Amphissaier in Bezug auf die hierá chóra zu erwähnen. Von der Stelle, auf der ich stand, zeigte ich den Amphiktyonen die Ebene von Kirrha (= Krisa), *die genau unter dem Tempelplatz liegt. 119. Ich sagte: „Ihr Amphiktyonen, seht ihr, dass die Ebene von den Amphissaiern bebaut wurde und dass sie dort Töpferwerkstätten und landwirtschaftliche Betriebe errichtet haben? Mit euren eigenen Augen seht ihr, dass die dem Gott* (= Apollon) *geweihten Hafenanlagen wieder aufgebaut wurden ... Ich ließ die Weissagung des Gottes vorlesen, den Eid unserer Vorväter und den Bannspruch, der damals proklamiert wurde. Und ich erklärte: 120. „Im Namen der Athener, in meinem eigenen Namen und in dem meiner Kinder und meines Haushaltes komme ich dem Gott und dem Heiligen Land unter diesem Eid zu Hilfe, mit Händen, Füßen und Stimme und mit all meinen Kräften, und so reinige ich unsere Stadt von der Gottlosigkeit. Entscheidet ihr nun auch: Die geheiligten Körbe* (für die Opfer) *sind vorbereitet, die Opfertiere stehen bereit am Altar, und ihr solltet nun für das Gemeinwesen und die privaten Häuser beten. 121. ... Sollen diejenigen, die es verabsäumen,* (die Amphissaier) *zu strafen, niemals mehr reine Opfer dem Apollon, der Artemis, der Leto, der Athena Pronaia darbringen können und mögen die Götter ihre Opfer ablehnen." 122. ... Nichts wurde mehr von den Schilden gesprochen, die wir aufgestellt hatten, sondern nur noch von der Bestrafung der Amphissaier ... 123. Am nächsten Morgen kamen wir zur verabredeten Stelle und gingen zur Ebene von Kirrha* (= Krisa). *Nachdem wir den Hafen* (rituell) *geplündert und die Häuser in Brand gesteckt hatten, gingen wir zurück. Doch währenddessen trafen die lokrischen Amphissaier voll bewaffnet ein, die 60 Stadien* (ca. 11,5 km) *von*

Delphi entfernt lebten. Wir konnten nur noch nach Delphi zurück rennen und so gerade unser Leben retten… 128. … Sie (= die Amphiktyonen auf der außerordentlichen Sitzung) *wählten Kottyphos von Pharsalos, der zu dieser Zeit der Ratsvorsitzende der Amphiktyonen war. Philipp war zu dieser Zeit nicht in Makedonien oder in Griechenland, sondern bei den Skythen, so weit weg! Und trotzdem behauptet Demosthenes heutzutage, ich hätte ihn* (= Philipp) *in den Krieg gegen Griechenland gezogen. 129. Während des ersten militärischen Zuges durch die Thermopylen waren die Amphiktyonen den Amphissaiern gegenüber sehr milde… Als aber die Amphissaier die Geldstrafe an den Gott nicht zahlten und die* (vormals durch die Amphiktyonen) *verbannten Männer wieder heimholten und gleichzeitig die (von den Amphiktyonen eingesetzten) rechtschaffenen Männer wieder verbannten, kam es viel später zu einem zweiten militärischen Zug; erst als Philipp von seiner Skythenexpedition wieder zurückkam.* ***(Aischin. 3)***

Somit verlor Philipp II. den Zugang zu Zentralgriechenland. Er musste jetzt sehr schnell reagieren, denn die Gefahr eines Zusammenschlusses der Thebaner und ihrer Verbündeten mit Athen war zum Greifen nah. Daher ließ er sich auf der ordentlichen Herbstsitzung des Amphiktyonenrates die Leitung des Amphiktyonenheeres im (Vierten Heiligen) Krieg gegen Amphissa übertragen und schlug im November 339 sofort zu. Seine Gegner merkten bald, dass sein Ziel jedoch nicht Amphissa war. Wie Demosthenes später in seiner Kranzrede anschaulich beschrieb, stand Philipp II. plötzlich in Elateia, und in Athen brach Panik aus, weil niemand so schnell damit gerechnet hatte. Jedermann hatte erwartet, dass der Makedonenkönig das nun thebanisch besetzte Nikaia angreifen würde, weil er über die Thermopylen nach Südgriechenland vorstoßen wollte. Doch Philipp II. umging den gesperrten Pass und das Kallidromos-Gebirge weiträumig und brach über die dorische Landschaft in die Phokis ein. Durch die Einnahme von Elateia war es klar, dass er den amphiktyonischen Heerbann nicht gegen Amphissa als Hauptziel richten wollte. Von Elateia war es nun ein Leichtes, durch das Kephissos-Tal ungehindert bis nach Boiotien zu gelangen.

Rede über den Kranz

143. Der Krieg um Amphissa, der Krieg, der Philipp nach Elateia brachte und die Wahl des Mannes (= Philipp II.), *der ganz Griechenland auf den Kopf stellte, zum hegemón der Amphiktyonen ermöglichte, wurde nur durch die Machenschaften dieses Mannes* (= Aischines) *verursacht. Er war der Verursacher der größten Schlechtigkeiten. Ich protestierte damals sofort, ich erhob in der ekklesía meine Stimme: „Du bringst Krieg nach Attika, oh Aischines, einen amphiktyonischen Krieg!“ … 169. Es war gerade Abend, als ein Bote den Prytanen die Nachricht brachte, dass Elateia* (von Philipp II.) *eingenommen worden sei. Sie saßen gerade beim Essen, standen aber sofort auf und ließen die Verkaufsstände auf der agorá räumen und beseitigten die Holzbarrieren* (Manuskriptunsicherheit: *brannten die Barrieren nieder*). *Andere riefen die Strategen und die Signaltrompeter herbei. Die Erregung ergriff die gesamte pólis. Bei Sonnenaufgang am nächsten Morgen beriefen die Prytanen die gesamte Ratsversammlung (boulé) ins Bouleuterion, und ihr habt euch zur ekklesía versammelt. Bevor die Bouleuten die Tagesordnung der ekklesía beschlossen hatten, hatte schon der gesamte dêmos auf dem Hügel* (= Pnyx) *Platz genommen. 170. Die boulé traf ein, und die Prytanen berichteten, was sie erfahren hatten. Auch der Bote wurde gehört. Dann fragte der Herold, wer sprechen wolle. Niemand kam nach vorne. Der Herold wiederholte seine Frage immer wieder, aber niemand erhob sich, obwohl alle Strategen und Redner anwesend waren… 173. Ich kam nach vorne und hielt eine Rede… 174. „Meiner* (= Demosthenes') *Meinung nach wird die Angelegenheit von denjenigen falsch verstanden, die denken, ganz Theben sei Philipp ergeben. Wenn das wahr wäre, würden wir nicht Nachricht erhalten, dass er in Elateia sei, sondern dass er an unseren Grenzen stünde… 177. Lasst mich euch nun raten, was zu tun ist. Als erstes, macht euch selbst von der Angst frei… Die Thebaner sind am nächsten von der Gefahr* (einer Invasion) *bedroht. Lasst die waffenfähigen Männer und die Reiter nach Eleusis marschieren, damit ihr allen zeigt, dass ihr kampfbereit seid… 178. Benennt eine Zehnmännergesandtschaft, die in Abstimmung mit den Strategen die Reise nach Theben und die militärische Expedition plant. Hört mir jetzt genau zu: Bittet die Thebaner nicht um Gefälligkeiten, das wäre der Situation abträglich. Verpflichtet euch dagegen, ihnen zur Hilfe zu kommen, wenn sie in Not* (durch einen Angriff Philipps II.) *geraten sollten.“ 179. … Ich sprach nicht ohne einen Beschluss zu erwirken, ich erwirkte keinen Beschluss ohne euch* (später) *als Gesandter zu dienen, ich diente euch nicht als Gesandter ohne dass ich die Thebaner zu einem Bündnis bewegen konnte.* ***(Dem. or. 18)***

Erläuterungen: *hegemón* der Amphiktyonen: ‚Bundesfeldherr‘ des Amphiktyonenheeres; ***prýtanis,* Pl. *prytáneis:*** „Erster“; 50 Prytanen bilden den geschäftsführenden Ausschuss der *boulé*; ***agorá:*** Markt- und

Versammlungsplatz in einer griechischen *pólis*. Das *prytaneíon* (Versammlungsgebäude der Prytanen) befand sich auf der Westseite der athenischen *agorá*; **bouleutérion:** Versammlungsgebäude der *boulé* auf der Nordostseite der *agorá*; ***bouleutés*, Pl. *bouleutaí*:** Mitglied der *Ratsversammlung*; **Pnyx:** Versammlungsort der *ekklesía* auf der Westseite des Musenhügels; **Eleusis:** Attische Hafenstadt westlich von Athen; militärische Ausgangsbasis der athenischen Wehrgemeinschaft.

Demosthenes' Vorschlag einer Zehnmännergesandtschaft nach Theben wurde von der *ekklesía* angenommen (*Dem. or.* 18,181-188). Philipp II. hatte auch schon eine Gesandtschaft zu den Thebanern geschickt. So kam es zwischen den athenischen Gesandten unter der Führung des Demosthenes und des Hypereides und den makedonischen Unterhändlern zu heftigen Wortgefechten vor der thebanischen Volksversammlung. Das makedonische Angebot sah vor, Nikaia den Lokrern zu übergeben und die Thebaner zu einer wohlwollenden Neutralität zu bewegen, die dem Amphiktyonenheer unter Philipp II. gestatten sollte, durch Boiotien nach Attika zu ziehen. Demosthenes dagegen arbeitete auf ein Defensivbündnis mit Theben hin und kam den Thebanern dabei weit entgegen: Athen verpflichtete sich, die Vormachtstellung Thebens innerhalb des Boiotischen Bundes anzuerkennen, ⅔ aller Kosten eines Landkrieges zu übernehmen und alle Kosten des Seekrieges selbst zu tragen. „Diese Aufteilung entsprach den unterschiedlichen Finanzressourcen der beiden Poleis" (K.-W. Welwei). Ebenso wurde das militärische Kommando gemäß der unterschiedlichen Stärken der beiden Bündnispartner verteilt. Theben sollte die militärische Befehlsgewalt über die Landstreitkräfte erhalten, da man ohnehin davon ausging, dass Boiotien der Kriegsschauplatz sein würde. Athen dagegen verpflichtete sich auf eine Teilung des Flottenkommandos mit Theben, um auch hier guten Willen zu zeigen. Insgesamt konnten die beiden *póleis* und ihre jeweiligen *sýmmachoi* ca. 35.000 Mann als Fußtruppen aufbieten, darunter 12.000 gut trainierte Hopliten des Boiotischen Bundes und 10.000 athenische Bürgersoldaten (bis zum Alter von 50 Jahren). 2000 Söldner, die aus athenischen Mitteln bezahlt wurden, standen ebenso zur Verfügung wie ca. 5000 Leichtbewaffnete und ca. 2000 Reiter. Die Kontingente Philipps II. beliefen sich auf ungefähr die gleiche Anzahl, somit war das quantitative Verhältnis ausgewogen.

Plutarch, Leben des Demosthenes

17. … Griechenland war jetzt auf das Kommende gespannt, und éthne und póleis der Euboier, Achaier, Korinther, Megarer, Leuka-

dier und Kerkyraier schlossen sich zusammen. Für Demosthenes gab es noch eine wichtige Aufgabe zu tun, die Thebaner, die das Nachbarland von Attika bewohnten, in das Bündnis zu holen. Sie waren eine starke Macht, und ihre Soldaten waren am höchsten von allen Griechen angesehen. Im Phokischen Krieg (= 3. Heiliger Krieg) *hatten sie verschiedene Wohltaten von Philipp erfahren, so war es nicht leicht, sie von diesem loszulösen. Auch könnten durch Grenzstreitigkeiten sofort kriegerische Aktionen zwischen den beiden póleis* (Athen und Theben) *eröffnet werden. 18. Als Philipp infolge seines Glücks, was Amphissa angeht* (= 4. Heiliger Krieg), *in Phokis einmarschierte und Elateia besetzte, waren die Athener so entsetzt, dass niemand die béma besteigen mochte, weil niemand wusste, was man sagen solle. Es herrschte Ratlosigkeit und Schweigen, bis Demosthenes vortrat und riet, es* (mit einem Bündnisangebot) *bei den Thebanern zu versuchen.... Das Werk des Redners* (in Theben) *war so groß und glänzend, dass Philipp überall hin Gesandte schickte und Friedensangebote machte, aber dass sich trotzdem ganz Griechenland erhob und sich mit Zuversicht auf das Kommende verband. Auch ordneten sich nicht nur die athenischen Strategen Demosthenes unter, sondern auch die Boiotarchen. Alle gehorchten ihm, ebenso wie die Volksversammlungen der Athener und auch der Thebaner von ihm nicht zu Unrecht beherrscht wurden... 19. Aber die Tyche oder ein Kreislauf der Vorgänge, der die Freiheit Griechenlands ihrem Ende zuführte, stellte sich wohl dem entgegen. Viele Vorzeichen dessen, was kommen sollte, traten auf. So kündete die Pythia furchtbare Weissagungen, und eine alte Prophezeiung aus den Sibyllinischen Sprüchen* (= Prophetin in Delphi; nicht gleichzusetzen mit der Pythia) *wurde vielfach zitiert:*
„Ich möchte weit von der Schlacht am Termodonfluss (bei Chaironeia) *entfernt sein,*
ich möchte ein Adler sein und auf sie hinunterschauen,
weinen muss der Besiegte, doch der Sieger ist verloren."

Erläuterungen: *éthnos, éthne:* Volksstamm (im Gegensatz zur *pólis* (Stadtstaat)); ***béma:*** Rednertribüne auf der Pnyx; **Boiotarchen:** Oberbeamte/Feldherrn des Boiotischen Bundes; **Tyche:** personifizierter Zufall/Schicksal; **Pythia:** Delphisches Orakel; **Sibylle:** Prophetin in Delphi (kein Eigenname), nicht gleichzusetzen mit der Pythia; ***Weinen muss der Besiegte, doch der Sieger ist verloren:*** Plut. 21,4 deutet den Sibyllenspruch auf das spätere Schicksal Philipps II. (336 Ermordung).

Der Tag von Chaironeia (338): Das Ende der griechischen Freiheit und Autonomie

Der Hellenenbund zog nun zwei Verteidigungslinien: Zum einen wurden Truppen am unteren Ende des Kephissos-Tales an der Grenze zu Boiotien bei Parapotamioi in Phokis stationiert (ca. 10 km von Elateia entfernt), um den von Elateia herunterstoßenden makedonischen Kontingenten den Weg nach Südgriechenland zu versperren. Zum anderen hatte man sich darauf verständigt, mit einer Söldnertruppe von 10.000 Mann Amphissa durch den nördlich gelegenen Gravia-Pass zu schützen, der auch im gesamten Winter 339/38 gehalten werden konnte. Dies führte dazu, dass die dankbaren Athener Demosthenes während der Großen Dionysien im März 338 erneut einen goldenen Kranz verliehen.

Philipp II. setzte seine Truppen südlich von Amphissa in Kytinion (Doris) fest, was für ihn den Vorteil bedeutete, dass seine beiden Truppenteile relativ nah beieinander und einfach zu erreichen waren. Die Kontingente des Hellenenbundes dagegen waren nur jeweils von Amphissa und Theben separat zu versorgen und darüber hinaus durch den Parnassos, ein mächtiges Gebirgsmassiv mit steilen Flanken, getrennt. Wie Polyainos in seiner Kriegstaktik berichtete, fielen der Stratege Chares und sein thebanischer Kollege Proxenos im Frühsommer 338 auf eine List Philipps II. herein. Als sie sahen, dass die makedonischen Truppen scheinbar aus Kytinion abzogen, war es für sie die Bestätigung, dass der bei Polyainos (4,2,8) erwähnte Brief an Antipatros echt sei. Außerdem hatte Chares ein ähnliches Täuschungsmanöver Philipps II. ein Jahr zuvor im Schwarzmeergebiet selbst miterlebt und dachte nicht, dass Philipp II. den gleichen Trick wieder anwenden würde. Der Makedonenkönig hatte wohl mit dieser Überlegung des Chares gerechnet, und so konnte das makedonische Heer unter Parmenion die restlichen Pässe, die vom oberen Kephissos-Tal in die Ebene führten, stürmen, das Söldnerheer der Griechen schlagen und Amphissa einnehmen. Im Anschluss daran eroberte Philipp II. das achaiisch besetzte Naupaktos und übergab die Hafenstadt den Aitolern, wie er es ihnen im Jahre 342/41 versprochen hatte.

Polyainos, Strategiká (Kriegslisten)
4.2.8. Philipp zog gegen Amphissa. Die Athener und Thebaner besetzten die schmalen Pässe als erste und machten es ihm unmöglich durchzuziehen. Philipp überlistete seine Feinde, indem er einen falschen Brief an Antipatros (= Statthalter in Pella) *nach Makedonien sandte, in dem stand, er würde den Feldzug nach Amphissa ver-*

schieben, weil er nach Thrakien eilen müsse, da dort eine Revolte (gegen ihn) *begann. Der Briefbote reiste durch die schmalen Pässe, wo er von den Strategen Chares und Proxenos abgefangen wurde. Als sie den Brief gelesen hatten, glaubten sie den Inhalt und ließen in ihrer Wachsamkeit an den Pässen nach. So fand Philipp die Pässe verlassen vor, ließ sein Heer durchziehen, schlug die Strategen, als sich diese* (mit ihrem Heer) *umwandten und eroberte Amphissa.*
4.2.7. Bei Chaironeia erkannte Philipp schnell, dass die Athener zwar kampfesmutig, aber in schlechter körperlicher Verfassung waren, während die Makedonen trainiert und in bester Kondition waren. So verlängerte er zeitlich den Kampf/verlängerte er die Schlachtreihe, und konnte somit die Athener leichter besiegen.
4.2.2. Nachdem Philipp bei Chaironeia seine Schlachtreihe gegen die der Athener aufgestellt hatte, gab er langsam nach und zog sich geordnet zurück. Der athenische Stratege Stratokles rief: „Wir dürfen nicht damit aufhören, den Druck (der Schlachtreihe) *auszuüben, bis wir sie nach Makedonien zurückgetrieben haben", und er gab die Verfolgung nicht auf. Philipp, der meinte, „Die Athener verstehen nicht zu siegen", zog sich Schritt um Schritt zurück, ließ die Phalanxreihe geschlossen und die Schilde zusammen. Später, als er auf erhöhtem Grund angekommen war, feuerte er seine Truppen an, drehte sich zum Angriff und attackierte die athenischen Reihen hart. So kämpfte er exzellent und gewann* (die Schlacht).
Erläuterung: Polyainos: kaiserzeitlicher Rhetor und Rechtsgelehrter; 8 Bücher *Strategiká / Strategémata* zur erfolgreichen Kriegsführung.

Philipp II. nutzte das Überraschungsmoment und wandte sich der Einnahme der südlichen Phokis zu, was ihm die Möglichkeit verschaffte, der versammelten griechischen Hauptstreitmacht bei Parapotamioi in die Flanke zu fallen und auch ungehindert in den boiotischen Raum einzudringen. Die griechischen Verbündeten sahen sich deswegen gezwungen, ihre nunmehr einzige Verteidigungslinie ca. 7,5 km nach Boiotien hinein zurückfallen zu lassen, und setzten sich in der Ebene zwischen Chaironeia und dem Fluss Kephissos fest. Der Makedonenkönig vereinigte daraufhin sein Heer und bezog Stellung bei Parapotamioi. Er schickte Gesandte nach Theben und Athen mit einem Friedensangebot (*Aischin.* 3, 148-151). Die Volksversammlungen beider *póleis* lehnten ab, wohl wissend, dass es in ihrer derzeitigen Situation nicht mehr zu einem Ausgleichsfrieden kommen konnte. Einige Boiotarchen und auch athenische Strategen wie Phokion warnten allerdings vor der militärischen

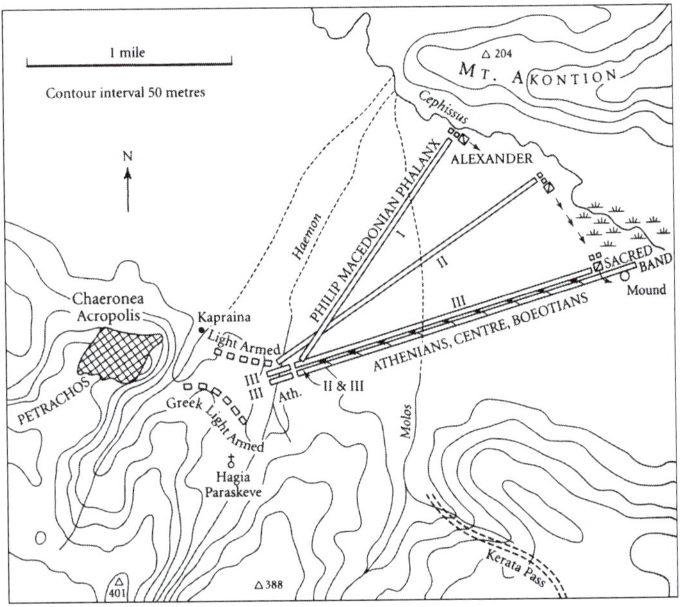

Abb. 5: Schlacht bei Chaironeia (338 v. Chr.):
Phase I: Die makedonische Phalanx rückt vor; die griechische Schlachtreihe steht still
Phase II: Philipp zieht sich am rechten Flügel seiner Phalanx geordnet zurück, während das makedonische Zentrum und der linke Flügel vorrücken; der athenische linke Flügel setzt Philipp nach; das griechische Zentrum unter den Boiotarchen muss teilweise nach vorne mitrücken, um entstehende Lücken in der Phalanxreihe zu schließen; die „Heilige Schar" der Thebaner hält den griechischen rechten Flügel
Phase III: Die Reiterei unter Alexander auf dem makedonischen linken Flügel stürmt vorwärts und greift den rechten griechischen Flügel an; die Hopliten im Zentrum beider Phalanxreihen treffen aufeinander und Philipp treibt den athenischen Flügel hoch ins Haimon-Tal

Dominanz der makedonischen Truppen. Das athenische Heer konnte es, wie Philipp II. laut Polyainos in der Schlacht bemerkte, nicht mit den disziplinierten und trainierten Makedonen aufnehmen. Die boiotischen schwerbewaffneten Kontingente waren ihnen sicherlich ebenbürtig, insbesondere die 300 Mann starke thebanische Elitetruppe, der *hierós lóchos* („Heilige Schar"). Was jedoch den Vorteil Philipps II. ausmachte, war der Einsatz seiner überragenden Reiterei und sein eigener Schlachtplan, den Polyainos wiedergibt. Wie auf Abb. 5 zu erkennen, stellten die Boiotarchen im August 338 in der Ebene von Chaironeia die griechische Phalanx in einer Defensivlinie auf: Sie nutzten keine Reiterei, sondern verließen sich auf ihren einzigen strategischen Vorteil, ihre starke rechte Seite, gehalten von der thebanischen Heiligen Schar und geschützt vom Ufer des Kephissos, in das Zentrum der makedonischen Phalanx vorstoßen zu lassen und eventuell den Athenern und anderen Verbündeten einen geordneten Rückzug über den Kerata-Pass zu ermöglichen. Philipp II. jedoch wandte die von den Thebanern erlernte Schiefe Schlachtordnung an, indem er völlig unerwartet dem starken rechten thebanischen Flügel einen noch stärkeren makedonischen linken Flügel entgegenstellte, der aus der schlagkräftigen Reiterei unter dem Befehl seines Sohnes Alexander bestand. Neben dieser Kampftaktik mit Verbundenen Waffen war es sein eigenes strategisches Zurückfallen auf dem makedonischen rechten Flügel, das den Ausschlag gab. Durch das unkontrollierte Nachsetzen der athenischen Hopliten öffnete sich in der griechischen Phalanx eine Lücke, in die Philipp II. bei seinem Gegenangriff hineinstoßen und die Alexander für einen Umkreisungsangriff gegen die thebanische Elitetruppe nutzen konnte. Über die Verluste der Griechen ist wenig überliefert. Es sind nur die Zahlen für Athen bekannt: Ca. 1000 Athener fielen, 2000 gerieten in makedonische Gefangenschaft (*Dem. or.* 18,264; *Diod.* 16,85-87). Der Rest, unter ihnen auch Demosthenes, der als einfacher Hoplit an der Schlacht teilgenommen hatte, flüchteten geordnet über den Kerata-Pass nach Attika zurück, um dort die Invasionsarmee des Makedonenkönigs zu erwarten. Einzig die thebanische Heilige Schar kämpfte geschlossen bis zum Tod: Ein Massengrab von 254 Individuen konnte 1913 von Schlachtfeldarchäologen beim sogenannten ‚Löwen von Chaironeia', einem Grabmonument, das einige Jahre später errichtet wurde, entdeckt werden.

Literatur

N. Hammond, Philip of Macedon, London 1994

H. Montgomery, The Way to Chaeronea. Foreign Policy, Decision-Making and Political Influence in Demosthenes' Speeches, Oslo 1983

H. Wankel, Demosthenes. Rede für Ktesiphon über den Kranz. Kommentar in zwei Halbbänden, Heidelberg 1976

7

Versuch der Neuordnung und Selbstbehauptung nach der Katastrophe

Athen nach Chaironeia

In Athen herrschte nach Bekanntwerden des Ausgangs der Schlacht der Ausnahmezustand. Man hatte sich zuvor gute Chancen ausgerechnet, mit vereinten griechischen Kräften Philipp II. aus Südgriechenland verdrängen zu können. Der makedonische Sieg bedeutete die größte anzunehmende Katastrophe für die Athener, die sich schließlich schon seit dem „ungeliebten" (G.A. Lehmann) Philokrates-Frieden (346) auf einen Konfrontationskurs mit dem Makedonenkönig begeben hatten. Acht Jahre unverminderte Opposition gegen die Pläne und die Bündnispolitik Philipps II., dazu diplomatische, finanzielle und militärische Anstrengungen, Makedonien im ägäischen Raum zu isolieren – dies alles wurde an einem Morgen zunichte gemacht. Zugleich trat Philipp II. als *hegemón* des Amphiktyonenheeres auf: Als Verbündeten von Amphissa, die sich durch die Entweihung der *hierá chóra* eines Sakrilegs schuldig gemacht hatten, blühte den Thebanern und Athenern ein ähnliches Schicksal wie den Lokrern nach dem Dritten Heiligen Krieg (356/55–346). Man konnte sich in Athen ausrechnen, dass Philipp II. im Sieg nicht besonders großmütig reagieren würde, frühere Beispiele wie der makedonische Umgang mit Olynth zeigten die übliche Behandlung der Besiegten im antiken Kriegswesen: Der Sieger erhielt alles, die Besiegten waren auf Gedeih und Verderb seinen Entscheidungen ausgeliefert.

Hektisch wurde die attische Landbevölkerung wie schon zu Zeiten des Peloponnesischen Krieges evakuiert und zwischen die *Langen Mauern* gebracht, dazu wurden die über fünfzigjährigen Bürger und die *métoikoi* unter Versprechen auf Bürgerrecht bewaffnet. Ebenso durften athenische Exulanten heimkehren, um für ihre Heimat zu kämpfen. Der Notstandsantrag des Hypereides, der ihm später eine *graphé paranómon* einbringen sollte, zielte sogar auf einen Tabubruch: Es sollten Sklaven freigelassen und bewaffnet werden, um die regulären Truppen zu verstärken. Die *boulé* selbst zog geschlossen und bewaffnet zum Piräus, der Areopag übernahm die Aufsicht über die Stadt. Charidemos, der einer der athenischen Strategen bei Chaironeia gewesen war, sollte als Stratege die Verteidigung der Stadt organisieren. Demosthenes beantragte derweil *psephísmata* zur Fortifikation der Stadt, die er auf seinem Phylengebiet auch mit eigenen Geldmitteln unterstützte (*Dem. or.* 18,299-300), und wurde von der *ekklesía* zum *sitónes* („Getreideeinkäufer") bestimmt, d. h., er wurde damit beauftragt, die Getreideversorgung der Stadt zu organisieren (*Dem. or.* 18,248), und reiste sofort zu den umliegenden Inseln ab. Not und Angst waren in Athen so groß, dass für die Befestigungen sogar Architekturelemente von Gräbern verbaut wurden, wie Ausgrabungen vor dem athenischen Dipylon-Tor in den 1960er Jahren zeigten. Man stellte sich auf eine längerfristige Belagerung der Stadt ein, bei der man hoffte, durch die immer noch präsente Flotte eine Blockade Attikas verhindern und Nachschub auf dem Seeweg organisieren zu können. Ganz Attika wartete nun auf die nächsten Schritte des Makedonenkönigs.

Die schon erwähnte Szene (s. o. S. 8) auf dem Schlachtfeld von Chaironeia aus der Demosthenes-Biographie des Plutarch (20,3-5) machte den wütenden Triumph des Makedonenkönigs deutlich, der das Scheitern seiner Bündnispolitik – wohl zu Recht – einzig der athenischen *ekklesía* und hier vor allem Demosthenes anlastete. Der sizilische Historiker Diodoros (ca. 80 – 30 v. Chr.) verzeichnet in seiner ausführlichen Schilderung der Schlacht von Chaironeia die Episode, auf die schon Plutarch Bezug genommen hatte. Während der von Diodoros als *kómos* (ritueller dionysischer Umzug: *Diod.* 16,87,2) bezeichneten Begehung des Schlachtfelds durch den König wurde dieser von dem athenischen Redner Demades, der unter den Gefangenen war, gemaßregelt: *Wenn dich die Tyche schon zu Agamemnon* (höchster griechischer Heerführer vor Troia) *bestimmt hat, schämst du dich dann nicht, dich wie Thersites* (vulgärer Unruhestifter im griechischen Heer vor Troia) *zu benehmen?* (*Diod.* 16,87,2). Philipp II. soll darauf hin, beschämt und ernüchtert, den Redner und die anderen athenischen Gefangenen freigelassen haben und Demades mit maßvollen Friedensbedingungen und einem Bündnisangebot nach Athen geschickt haben. Aus moderner Perspektive muss man bezüglich der Schilderungen des Plutarch und des Diodor in Betracht ziehen, dass sie auf athenfreundlichen Quellen fußen. Diese Geschichtswerke hoben natürlich gewisse historische Tatsachen wie das von den Griechen als vulgär angesehene Konsumieren von ungemischtem Wein, das bei den Makedonen als Zeichen männlicher Stärke und als Gemeinschaftserlebnis galt, besonders hervor und setzten – angefeuert von einem erheblichen Lokalpatriotismus – den Typus des kultivierten Athener dagegen ab: „The theme of a drunken barbaric despot being sobered up by a persuasive, sophisticated city-state Greek was a commonplace of the time" (N. Hammond).

Archäologische Ausgrabungen haben die Existenz des *polyandríon* nachgewiesen (1879/80), des Gemeinschaftsgrabs der kremierten makedonischen Gefallenen, und des schon erwähnten Gemeinschaftsgrabs der nicht kremierten thebanischen Heiligen Schar (1913). Man kann davon ausgehen, dass natürlich auch Dankopfer, insbesondere an Apollon als dem Schutzgott der Delphischen Amphiktyonie, vorgenommen wurden. Tatsächlich ließ Philipp II. die athenischen Gefangenen ziehen, ohne eine Lösegeldforderung zu stellen, und schickte die Asche der kremierten athenischen Gefallenen mit einer Ehrengarde, angeführt von Alexander und Antipatros, nach Athen, damit sie dort ehrenvoll auf dem Kerameikos bestattet werden konnte. Der Makedonenkönig selbst setzte keinen Fuß in die attische *chóra*, ebenso wenig schickte er eine Invasionsarmee nach Attika. Zusammen mit dem Vertragsangebot war es für die Athener unfassbar, dass sie so ungeschoren davonkamen. Die Thebaner dagegen mussten für den Vertragsbruch gegenüber Philipp II. teuer zahlen. Zusätzlich zu der Einrichtung eines makedonenfreundlichen oligarchischen Regiments und der makedonischen Besatzung auf der Kadmeia verloren sie ihre Hegemonialstellung innerhalb des Boiotischen Bundes; dazu wurden die gefangenen Thebaner von den Makedonen als Kriegsbeute verkauft, und selbst die sterblichen Überreste der gefallenen Thebaner (außer der Heiligen Schar) wurden von Philipp II. nur gegen ein Lösegeld übergeben. Hier zeigte sich die extrem unterschiedliche Behandlung der Besiegten: Die Athener profitierten letztlich sogar von den makedonischen Bestimmungen, weil Philipp II. ihnen die thebanisch besetzte Hafenstadt Oropos im attischen Grenzgebiet zu Boiotien zurückgab. Natürlich ließen die Athener sämtliche Notstandsmaßnahmen fallen, als sie die konziliante Haltung des Makedonenkönigs erkannten. Außerdem bestimmten sie als Unterhändler die als makedonenfreundlich angesehenen Politiker Demades, Aischines und Phokion – letzterer hatte schon vor der Schlacht von Chaironeia von einer militärischen Konfrontation abgeraten und löste nun im Zuge der Hoffnung auf einen ehrenvollen Frieden Charidemos als Strategen ab. Doch wurde auch die vormals bestimmende Politikergruppe um Demosthenes nicht kaltgestellt. Nachdem er wieder nach Athen zurückgekehrt war, wurde er dazu bestimmt, am Ende des Jahres 338 die prestigeträchtige Rede auf die Gefallenen (*epitáphios*) von Chaironeia zu halten (*Dem. or.* 18,285-288).

Rede auf die Gefallenen

19. Wenn eine Schlacht stattgefunden hat, gibt es immer einen Sieger und einen Besiegten, aber ich zögere nicht anzuerkennen, dass die

Männer auf beiden Seiten, die auf ihrem Posten starben, nicht zu den Besiegten zählen, sondern dass sie auf beiden Seiten Sieger sind. Denn das Schlachtenglück unter den Überlebenden ist dergestalt, wie es das göttliche Schicksal befiehlt, aber dass es überhaupt zu einem Ende kommt, ist den Männern zu verdanken, die ihren Posten (bis zum Tod) *gehalten haben. Aber falls sich sein Schicksal erfüllte und was er erleiden musste, ist durch die Tyche* (hier: Zufall) *eingetreten, sein Mut erweist ihn als unbesiegbar. 20. Deshalb meine ich, dass wir es der Tapferkeit dieser Männer ebenso wie dem Leichtsinn unserer Gegner zu verdanken haben, dass unsere Feinde keinen Fuß in die attische chóra setzten. Denn jeder gegnerische Mann, der unseren Kämpfern begegnet ist, möchte sich nicht ein zweites Mal dem Kampf mit den Verwandten dieser Männer aussetzen, wobei sie auch befürchten müssen, dass ihnen dieses Mal, wenn sie auf Männer des gleichen Schlages treffen, die Tyche nicht hold sei. Man kann nicht zuletzt am Frieden, den sie geschlossen haben, diese Gedankengänge erkennen, denn es ist unmöglich, einen besseren Grund zu erkennen, als dass der Herr der Feinde* (= Philipp II.), *erstaunt über den Kampfesmut unserer Gefallenen, lieber freundlich zu den Anverwandten* (der Gefallenen) *sein wollte anstatt* (bei einem erneuten Kampf) *das Gewonnene aufs Spiel zu setzen.… 21. Aber falls es einen Mann gibt, der Anklage in Bezug auf die Schlacht erheben will, der soll sich an die Thebaner wenden, die den Oberbefehl hatten, aber niemand könnte die einfachen Soldaten, weder die Thebaner noch uns, anklagen. Diese Männer* (= die Boiotarchen), *die das Kommando über ein militärisches Kontingent erhalten haben, das weder eine Niederlage leicht erträgt, noch Entschuldigungen findet und dabei einen großen Hunger nach Ruhm verspürte, haben aus diesen guten Eigenschaften nichts Gutes gemacht. 23. Jedermann sollte zwar nach seinem eigenen Gutdünken urteilen, was sich aber allen eingeprägt hat, ist, dass die griechische Freiheit nicht bewahrt werden konnte ohne den Kampfesmut dieser Gefallenen.… Man sollte öffentlich kundtun, dass die Tapferkeit dieser Männer der Lebensmut von ganz Griechenland war. 24. Als der Lebenshauch sich von ihren Körpern trennte, wurde auch die Würde von Griechenland genommen. Vielleicht machen wir uns der Übertreibung schuldig, aber es muss gesagt werden: So wie wenn das Tageslicht aus unserem kósmos verschwunden wäre und die Tage dunkel wären, so ist durch den Tod unserer Männer das glorreiche Griechenland in Dunkelheit getaucht.* ***(Dem. or. 60)***

Erläuterung: ***kósmos:*** staatliche / natürliche Ordnung.

Man merkt der Rede einen gewissen diplomatischen Tenor an: Demosthenes erwähnt weder Philipp II. noch die Makedonen namentlich – obwohl der Ausdruck *tón enantíon kýrios* (Herr der Feinde) natürlich Assoziationen zu einem ‚ungriechischen' Despotentum weckt –, er führt den Schlachtenausgang auf die Tyche zurück und damit auf eine den menschlichen Möglichkeiten entzogene göttliche Entscheidung, und schließlich wird einzig auf ein postuliertes Versagen der Boiotarchen Bezug genommen. Hier verdreht Demosthenes die Wahrheit, denn tatsächlich waren es die Boiotarchen gewesen, die in der ersten Phase der Schlacht mit ihren Truppen im Zentrum die Hauptlast des makedonischen Hoplitenangriffs ausgehalten hatten und die in einen makedonischen Zangenangriff geraten waren, als der athenische Flügel auf das Zurückweichen Philipps II. hereinfiel und dadurch die Phalanxreihe brach. Demosthenes erweist sich hier als ein Realpolitiker, der die damalige Stimmung in der Bürgerschaft ganz bewusst aufnahm, um eine für Athen günstige Position im zukünftigen Hellenenbund Philipps II. zu schaffen. Die Hoffnung auf eine erneute machtpolitische Rolle Athens wurde durch den Friedensvertrag zwischen Philipp II. und Athen genährt: Zwar mussten die Athener den Zweiten Athenischen Seebund auflösen und ihre Kleruchen von der Chersonesos abziehen, doch erhielten sie dafür Oropos und durften ihre gesamte Flotte behalten, dazu die Inseln Imbros, Skyros, Lemnos und Samos. Im Unterschied zu Theben behielten sie ihre politische Souveränität, mussten allerdings eine *symmachía* mit Makedonien eingehen.

Der Korinthische Bund (338 / 37)

Warum verschonte Philipp II. Athen? Ältere Forschungsmeinungen schlossen sich diesbezüglich antiken Quellendarstellungen an, die vornehmlich proathenisch geprägt waren, und sahen darin eine Reverenz des Makedonenkönigs, der nach der Anerkennung als Grieche strebte, Respekt vor der kulturellen Leistung der Athener hatte und seine ‚neue Weltordnung' nicht auf den Trümmern der Akropolis aufbauen mochte. Heutzutage erkennt die Forschung eher ein wohlkalkuliertes Straf- und Verschonungssystem Philipps II., der dadurch die griechischen Gemeinwesen untereinander spaltete und sie individuell auf sich verpflichten konnte. Theben war eidbrüchig geworden, als Exponent der Delphischen Amphiktyonie konnte Philipp II. dies nur hart bestrafen. Das hatte zudem den Vorteil, die starke militärische Landmacht als potentiellen Gegner seiner Streitmacht zu zerschlagen. Gleichzeitig fand er in der hochgradig organisierten athenischen Flotte ein wertvolles Instrument vor, das offensichtlich in den Händen der Spezialisten verbleiben sollte. Die *symmachía* mit Athen verschaffte ihm im besten Falle nicht nur den logistischen Vorteil einer Nachschubflotte im geplanten Perserfeldzug, sondern brachte ihm auch einen von Makedonien abhängigen ‚Statthalter' in Zentralgriechenland ein, der selbst ein hohes Interesse daran hatte, Euboia und Boiotien vom Süden her zu kontrollieren. Dazu erneuerte Philipp II. die alten Bündnisse auf der Peloponnes mit Argos, Messenien und Megalopolis und schuf mit der makedonischen Besetzung von Theben, Chalkis, Ambrakia und Korinth eine Kette von Militärbasen, die ein schnelles Eingreifen in aufständischen Gebieten ermöglichten.

So konnte er sein nächstes großes Ziel, den Perserfeldzug, in Angriff nehmen. Dazu gründete er im Frühjahr 337 unter Anwesenheit von Gesandten aller maßgebenden griechischen *póleis* (außer dem mittlerweile demographisch und insofern auch militärisch und politisch geschwächten Sparta) einen neuen Hellenenbund, den von der modernen Forschung so genannten Korinthischen Bund. Die strukturelle Integrität des Bundes sollte ein proportional besetztes *synhédrion* ohne Sitz und Stimme für Philipp II. garantieren. Grundlage war die allgemeine Verpflichtung auf eine *koiné eiréne*, die – ebenso wie die diversen anderen Verträge zum Allgemeinen Frieden seit dem Königsfrieden von 387/86 – eine Garantie der *eleuthería* und *autonomía* aller Bündner darstellte. Einschränkungen erfuhr diese Garantie allerdings in den Bestimmungen, dass Verfassungsänderungen oder ‚Unruhen' infolge von Sklavenfreilassungen verboten seien. Darüber hinaus bedeutete die Verpflichtung zur *symmachía* nichts anderes als den Zwang zur unbedingten Heeresfolge, die dem *hegemón* des Bundes, nämlich Philipp II., zu erbringen sei (*Iustin.* 9,5,1-6). Neben dem üblichen Defensivbündnis kam noch ein Offensivbündnis dazu: ... *sive adiuvandus ea manu rex oppugnante aliquo foret* ***seu duce illo bellum inferendum*** (*Iustin.* 9,5,4: „... sei es, dass der König im Falle eines Angriffs unterstützt oder dass Krieg unter seiner Leitung geführt werden soll."). In der Forschung wird dieser Bund auch zu Recht als Hegemonialbündnis bezeichnet, wobei anders als beim Königsfrieden von 387/86 hier kein *próstagma* („Anordnung") einer Macht *außerhalb* Griechenlands vorliegt. Bei der Eidesleistung verpflichteten sich die Bündner auf Treue zu Philipp II. und seinen Nachkommen (IG II^2 236). Schließlich informierte der König das *synhédrion* über den geplanten Perserzug (einen Eroberungsfeldzug, den er als Rachefeldzug für die 480/79 durch Xerxes zerstörten und profanierten griechischen Heiligtümer propagierte), ließ sich – neben seiner Stellung als *hegemón* des Bundes – zum militärischen Oberbefehlshaber wählen (*strategós autokrátor tés Helládos*) und forderte Kontingente seiner *sýmmachoi* an (*Diod.* 16,89). Die Zeit drängte, weil sich die Regierung des Perserreichs im Herbst 338 durch die Ermordung des Artaxerxes III. Ochos schlagartig destabilisierte. Erst zu Beginn des Jahres 335 sollte mit Dareios III. Kodomannos aus einer Nebenlinie der Achaimeniden wieder ein Großkönig schärfere Kontur gewinnen. So war für den Makedonenkönig der Zeitpunkt des Feldzuges sehr günstig, und er schickte kurz nach der Konstituierung des Korinthischen Bundes einige makedonische Einheiten als Vorhut nach Kleinasien.

Isokrates, ep. 2 ad Philippum
5. Sei versichert, dass ein nicht zu übertreffender Ruhm, der deinen früheren Taten beigeordnet werden kann, dein sein wird, wenn du die Barbaren niederzwingst. Alle außer denjenigen, die auf deiner Seite gekämpft haben, werden den Griechen Untertan sein, und du wirst den (persischen) *König, den man jetzt noch den Großen nennt, dazu zwingen, alles zu tun, was du befiehlst. Dann wird dir nichts mehr übrig sein als ein Gott zu werden. All dies wird nun viel einfacher sein, als es in der Zeit deiner königlichen Anfänge gewesen wäre.*

Dann geschah das Unerwartete: Philipp II. wurde einige Monate später, im Sommer 336, auf der Hochzeitsfeier seiner Tochter wohl aus privaten Motiven (*Diod.* 16,92-94) ermordet. „Nur unter großen Schwierigkeiten und nach einem grausamen Massaker an allen Gegnern und möglichen Prätendenten innerhalb und außerhalb des Königshauses konnte der 20jährige Kronprinz Alexander die Regierungsgewalt an sich reißen." (G.A. Lehmann)

Forschungsmeinung:
Er (= *Philipp II.*) züchtigte das abtrünnige Theben und schonte das „verführte" Athen. Was hätte er auch anderes wünschen sollen, als daß es ihm auf solche Weise erspart blieb, seinen Sieg durch Gewaltanwendung gegen die Bewahrerin der ruhmreichen geschichtlichen Tradition Griechenlands zu beflecken. Sollte er etwa den griechischen Bund unter makedonischer Führung, den er kurz darauf in Korinth feierlich proklamierte, über den rauchenden Trümmerhaufen der Metropole der griechischen Kultur errichten? Hätte der Perserzug, den er plante, noch Sinn gehabt für ein Hellas, aus dem jenes Athen ausgelöscht war, das einst die Griechen befreit hatte und dessen Zerstörung durch die Barbaren (*480 durch Xerxes*) zu rächen die einzige historische Rechtfertigung dieses Unternehmens war? ... Die moderne Forschung (*im 19. Jahrhundert*) hat dieses in sich geschlossene Bild, das mit Chaironeia seinen heroischen Abschluß fand, durch ein anderes, weiträumigeres Bild ersetzt, das die eigentliche Weltwirkung des Griechentums, den sogenannten Hellenismus, erst mit diesem Zeitpunkt beginnen läßt. Für diese Auffassung war Chaironeia ein unbedeutender Zwischenfall und Demosthenes' ganzes Lebenswerk ein unnötiger Aufenthalt auf dem unaufhaltsamen Marsch des geschichtlichen Fatums (= *Schicksal*). Der Vollstrecker dieser Vorsehung, Philipp, wächst auf diesem Gemälde als Persönlichkeit ins Riesenhafte, sein menschlicher Umriß verschwimmt und fließt völlig untrennbar zusammen mit dem bis an die Wolken reichenden Schatten des Weltgeistes (*der hegelianischen Geschichtskonzeption*), der über Völker und Länder dahinschreitet. ***(Werner Jaeger: Demosthenes. Der Staatsmann und sein Werden, Berlin 1939, S. 185/86)***

Literatur

J. R. Ellis, Philip and Macedonian Imperialism, London 1976

M. B. Hatzopoulos, L. D. Loukopoulos (eds.), Philip of Macedon, Athen 1980

R. Sealey, Demosthenes and His Time. A Study in Defeat, Oxford 1993

8

Athenische Politik zwischen Philipp II. und Alexander III.

Aufstände in Griechenland nach dem Tod Philipps II.

Plutarch, Leben des Demosthenes, Kapitel 22
1. Demosthenes erfuhr im Geheimen vom Ende Philipps. Um den Athenern Vertrauen in die Zukunft zu vermitteln, ging er mit einem fröhlichen Gesicht in die boulé. Er sagte, er hätte einen Traum gehabt, nach dem den Athenern großes Glück bevorstehe. Nach kurzer Zeit kamen die Boten, die den Tod Philipps vermeldeten. 2. Sofort brachten sie Dankopfer dar und beschlossen, Pausanias mit einem Kranz zu ehren. 3. Demosthenes trat öffentlich mit einem Kranz auf dem Kopf und im Festgewand auf, obwohl seine Tochter erst vor sieben Tagen gestorben war, wie Aischines sagt, der ihn deswegen verhöhnt und ihm wenig Elternliebe vorwirft, …
Erläuterungen: Pausanias: Mörder Philipps II., wurde kurz nach der Tat in Aigai hingerichtet.

Nicht nur Demosthenes jubelte, als die Nachricht von der Ermordung Philipps II. Griechenland erreichte. In Ambrakia und Theben wurden sofort die dort stationierten makedonischen Soldaten und auch die makedonenfreundlichen Politiker vertrieben. Die Thessaler versuchten, das Tempe-Tal zu sperren und so einen der Hauptverbindungswege zwischen Makedonien und Griechenland zu blockieren. Doch Alexander III. umging das Tempe-Tal über Ossa und erreichte in Eilmärschen Thessalien. Er ließ die von seinem Vater gehaltenen Ämter – *árchon* des Thessalischen Bundes und *hegemón* der Delphischen Amphiktyonie – auf sich übertragen, rief das *synhédrion* in Korinth zusammen und trat die Nachfolge Philipps II. als *hegemón* und *strategós autokrátor* des Korinthischen Bundes mit Blick auf den geplanten Perserfeldzug an. Der Treueeid wurde nun auf ihn geschworen (*Diod.* 17,3,1-17,4,9).

Polyainos, Strategiká (Kriegslisten)
4,3,23. Als die Thessaler Tempe bewachten, ließ Alexander Stufen in die Felswand des Ossa-Gebirges hauen. Er selbst und die Makedo-

nen erklommen die Stufen, erreichten den Rücken des Gebirges und konnten so Thessalien einnehmen, indem sie über Ossa gingen. Die Thessaler bewachten währenddessen den schmalen Pass von Tempe. Noch heute (= 2. Jahrhundert n. Chr.) *können Reisende, die durch das Tempe-Tal gehen, die in Stein gehauenen Stufen sehen. Sie nennen sie „Alexanders Leiter".*

Diodor beschreibt die schnelle Niederschlagung der Aufstände der Griechen folgendermaßen: *Einige* (Gemeinwesen) *gewann er* (= Alexander) *durch Überzeugung und Diplomatie, andere hielten den Frieden, weil sie ihn fürchteten, aber einige mussten durch* (militärische) *Stärke unterworfen werden* (*Diod.* 17,3,6). Die moderne Forschung folgert: „Schon sein erstes Regierungsjahr als König ließ typische Eigenschaften Alexanders erkennen, die später im größerem Maßstabe auch auf dem Alexanderzug zu Tage traten: sein rücksichtsloses und notfalls brutales Vorgehen selbst gegen Personen seines engen Umfeldes, seinen Mut und seine Entscheidungsfreudigkeit und die ganz außergewöhnliche Schnelligkeit der Truppenbewegungen unter seinem Kommando" (J. Engels).

Wie alle anderen Gemeinwesen, so war auch Athen von Alexanders Schnelligkeit überrascht. Als er durch Boiotien marschierte, um zum *synhédrion* nach Korinth zu gelangen, wurden in Attika erneut Notstandsmaßnahmen (Fortifikationen und Evakuierung der *chóra*) getroffen. Demosthenes, der laut Aischines Alexander einen jungen Tölpel genannt hatte, der froh sein könne, sich in Pella zu halten (*Aischin.* 3,160; vgl. *Plut. Alex.* 11,3), musste seine Einschätzung revidieren und wurde neben anderen ausgewählt, in einer Gesandtschaft vor den Makedonenkönig zu treten und Athens Loyalität zuzusichern oder, wie Diodor sagt, *Verzeihung für die späte Anerkennung seiner Hegemonialstellung zu erbitten* (*Diod.* 17,4,6). Er kehrte allerdings auf halbem Weg an der Grenze zu Boiotien am Kithairon-Gebirge wieder um (*Aischin.* 3,161; *Diod.* 17,4,7), sicherlich nicht aus Furcht vor dem Nachfolger Philipps II., sondern um die angespannte Situation nicht unnötig zu verschärfen. Plutarch datiert die Episode ins Jahr 335 und verbindet sie mit der Zerstörung Thebens.

Plutarch, Leben des Demosthenes, Kapitel 23
1. Viele póleis traten nun (nach dem Tode Philipps II.) *wieder zusammen, die von Demosthenes aufgestachelt wurden. Die Thebaner griffen die* (makedonische) *Wache* (auf der Kadmeia) *an und töteten viele. Demosthenes hatte geholfen, ihnen Waffen zu besorgen.*

Die Athener schickten sich an, an ihrer (der thebanischen) *Seite in den Krieg einzutreten. 2. Und Demosthenes beherrschte die béma und schrieb an die Strategen des Königs* (Alexander) *in Asien, um auch von dort aus den Krieg gegen Alexander zu beginnen, den er einen Jungen und einen ‚Margites' nannte. Als dieser aber überall die* (griechischen) *Landschaften geordnet hatte und er mit seinem Heer nach Boiotien kam, da war der Mut der Athener verschwunden und Demosthenes abgekühlt. Die Thebaner wurden von ihnen* (den Athenern) *verraten, kämpften allein und verloren ihre pólis. 3. Bei den Athenern herrschte nun große Aufregung, und Demosthenes wurde mit anderen zu Gesandten gewählt und vor Alexander geschickt. Er fürchtete allerdings dessen Zorn, kehrte am Kithairon um und verließ die Gesandtschaft.*

Erläuterungen: *béma:* Rednerbühne auf der Pnyx; **Strategen:** Gemeint ist wohl nur Attalos, der gemeinsam mit Parmenion die makedonische Vorhut in Persien bildete, während Philipp II. seine Invasionsarmee sammelte. Attalos stellte Alexanders Thronfolgeanspruch in Frage und wurde später von diesem ermordet; ***Margites:*** Literarische Karikatur der fiktiven Gestalt des Achilles, gleichzusetzen mit dem Topos eines jungen Bauerntölpels.

Athenische Machtbalance im Schatten Alexanders III.

Die athenischen Reaktionen kurz nach dem Tode Philipps II. zeigen, dass Demosthenes in den Jahren nach Chaironeia nichts an Einfluss innerhalb der Bürgerschaft eingebüßt hatte. Sicherlich gewannen die makedonenfreundlichen ‚Architekten' des Friedensarrangements wie Aischines, Demades und Phokion wieder die Beachtung, die sie seit 346 im Zuge der innenpolitischen Auseinandersetzungen um den Philokrates-Frieden verloren hatten. Jedoch galt die Übertragung des *epitáphios* für die Gefallenen von Chaironeia an Demosthenes als „ehrenvolle[r] Vertrauensbeweis" (G.A. Lehmann), dem im Amtsjahr 337/36 die erneute Auszeichnung mit einem goldenen Kranz folgen sollte. Dieses Mal allerdings schritt Aischines mit einer *graphé paranómon* gegen den Antragsteller Ktesiphon ein, sicherlich nicht nur aus persönlichen Motiven einer lang andauernden politischen Rivalität, sondern auch aus dem Gedanken heraus, dass Philipp II. diese Ehrung möglicherweise als Provokation ansehen könnte. Es dauerte sechs Jahre, bis die Klage vor Gericht verhandelt wurde. Dies lag vor allem daran, dass das Attentat von Aigai im Sommer 336 neue Chancen, aber auch neue Risiken für Athen eröffnete.

Demosthenes selbst war in diesem Amtsjahr (337 / 36) einer der Verwalter der *theorikón*-Kasse (*hoi epí tó theorikón*). Seine Amtstätigkeit war der juristische Grund der Paranomieklage des Aischines: Kein Amtsträger durfte vor Ablegung seines Rechenschaftsberichts am Ende des Amtsjahres (zweigeteiltes *eúthynai*-Verfahren) mit einer Ehrung gewürdigt werden. Gleichzeitig engagierte sich Demosthenes seit dem Sommer 337 für ein umfassendes Bauprojekt (jährliche Kosten: 100 Talente), das nach der Schlacht von Chaironeia als Notstandsmaßnahme begonnen worden war und nun aus dem durch freiwillige Beiträge ergänzten *merismós* (eine Form von Staatsetat) finanziert wurde. Es sah vor, die Fortifikationen der Hafenanlagen und die Langen Mauern zu verstärken. Insgesamt dienten diese Maßnahmen dazu, Athen auf einen möglichen Belagerungszustand vorzubereiten. Sie sollten nicht nur der attischen Bevölkerung einen langfristigen und sicheren Zufluchtsort innerhalb der Langen Mauern bieten, sondern auch die athenische Flotte verteidigungsbereit halten. In dieser Zeit, wohl im Amtsjahr 336 / 35, wurde – wie bei Pseudo-Aristoteles ausführlich beschrieben (s. o. S. 17 f.) – der Ephebendienst stärker institutionalisiert und durch die durchgängige Kasernierung in den zwei Dienstjahren auch verschärft, so dass im Falle einer Invasion Attikas ein weiteres militärisches Kontingent zur Verfügung stand. Dazu kam der weitere Ausbau der Flotte auf 400 Trieren, die die Getreideversorgung Attikas und die Handelsrouten in der Ägäis für die Athener und ihre potentiellen Verbündeten auch mit Gewalt sichern sollten.

Das kostenintensive Programm, das auch öffentliche Bauten in Athen umfasste (u. a. die Pnyx und das Dionysos-Theater), konnte von der athenischen Bürgerschaft nur geschultert werden, indem die Verteilung der Finanzmittel (*merismós*) neu strukturiert wurde. Einen Anfang machte nach 338 ein Gesetz des Hegemon aus dem Umfeld des Aischines und Demades, das die Kompetenzen des Verwaltungskollegiums der *theorikón*-Kasse einschränken sollte (*Aischin.* 3,25). Die ältere Forschung deutete dies noch als innenpolitischen Angriff auf Demosthenes als einen der Verwalter der *theoriká*, heute nimmt man jedoch größtenteils an, dass sich mit diesem Vorstoß schon die Ära des Lykourgos andeutet, der drei Vierjahresperioden lang (338 – 326) den Finanzhaushalt Athens lenkte, ähnlich wie es Euboulos zwischen 355 / 54 und 344 getan hatte. In der Forschung ist umstritten, ob Lykourgos in dieser Zeit langfristig verschiedene Ämter innehatte, wie z. B. das Amt des *tamías ton stratiotikón* (Schatzmeister der ‚Kriegskasse'), oder ob für ihn ein neues Amt geschaffen wurde, das eines Verwalters aller öffentlichen Ausgaben (*ho epí tés dioikéseos*).

Lykourgos' Idealvorstellung einer mächtigen, dabei demokratisch verfassten Polisgemeinschaft kam natürlich der Politik des Demosthenes sehr entgegen. In diesen Zusammenhang ist auch das nur inschriftlich überlieferte Gesetz des Eukrates aus dem Jahre 336 einzuordnen (SEG 12, Nr. 87), das jedes Abweichen von der demokratischen Verfassung unter Strafe stellte und auch den Areopag auf den Schutz der Demokratie verpflichtete. Dies entspricht der Tendenz zur Aufwertung der rechtlichen Kompetenzen und der Kontrollfunktion des Areopags seit der Zeit des Euboulos in der Mitte des 4. Jahrhunderts. All dies ließ Athen zum Asyl makedonenfeindlicher Griechen werden. Zu diesen zählten auch exilierte Thebaner, die im Spätsommer 335 auf ein Gerücht hin, dass Alexander III. auf dem illyrischen Feldzug ums Leben gekommen sei, in ihre Heimatstadt zurückkehrten und dort einen neuen Aufstand wagten. Athen und einige peloponnesische Gemeinwesen schlossen sich an, wobei der persische Großkönig Dareios III. Kodomannos die makedonenfeindlichen athenischen Politiker wie Demosthenes mit Subsidien unterstützte. Nachdem allerdings das makedonische Heer in Eilmärschen in Boiotien auftauchte, zerschlug sich die Hoffnung der Aufständischen sehr schnell. Wie Plutarch berichtete (*Plut. Dem.* 23,1-2), wurden die Thebaner von ihren Verbündeten verlassen; auch Demosthenes schätzte die Gefahr eines zweiten Chaironeia realistisch ein und riet zum Rückzug. Laut der Übereinkunft des Korinthischen Bundes lag es beim *synhédrion*, die Thebaner als Eidbrecher und Verräter an der griechischen Sache (*medismós:* „Parteinahme für die medische / persische Seite") zu verurteilen. Alexander III. als Bundesfeldherr vollstreckte das Urteil: Theben wurde gänzlich ausradiert, nur die Tempel, Heiligtümer und laut den Quellen auch das Haus des Dichters Pindar (*Plut. Alex.* 11,6) wurden verschont. Der Verkauf der Bevölkerung in die Sklaverei brachte 440 Talente ein, ungefähr den Wert der jährlichen Staatseinkünfte Athens (*Diod.* 17,8-14). Ferner verlangte Alexander von Athen die Auslieferung der makedonenfeindlichen Politiker, darunter Demosthenes, Hypereides, Chares und Charidemos. Dieser Forderung kamen die Athener nicht nach und beriefen sich auf die Autonomie ihrer *pólis*, die selbst eine gerichtliche Untersuchung anstrengen konnte. Dabei musste nur Charidemos Athen verlassen.

Mit der physischen Auslöschung der thebanischen Polisgemeinschaft hatte der Makedonenkönig ein mit der damaligen Zerstörung Olynths durch Philipp II. (348) vergleichbares Exempel statuiert. Bis zum Tode Alexanders III. im Sommer 323 kam es in Athen zu keiner offenen militärischen Erhebung gegen die makedonische Hegemonialmacht. Dies lag sicherlich auch daran, dass der König den erfahrenen Strategen Antipatros und die Hälfte des makedonischen Heeres zu Beginn des Perserfeldzuges im Frühjahr 334 zurückließ. Ähnlich wie Philipp II. beließ es Alexander III. bei einer vorsichtigen Annäherung an Athen, ohne auf die athenischen Provokationen mit den Mitteln zu reagieren, die ihm durchaus zur Verfügung standen, wie das Beispiel Theben gezeigt hatte. Auf der einen Seite wurden die athenischen Kontingente nicht nach Hause entlassen, als Alexander III. seine Flotte im Herbst 334 auflöste, um sich auf die Landoffensive zu konzentrieren. Auch gab er erst im Frühjahr 331 auf Bitten der *pólis* die athenischen Kriegsgefangenen frei, die auf Seiten der Perser am Granikos drei Jahre zuvor gekämpft hatten. Gleichzeitig schickte er nach der siegreichen Schlacht Weihgeschenke nach Athen, die im Parthenon aufgestellt werden sollten (*Plut. Alex.* 16,8). Auf der anderen Seite lehnte die athenische *ekklesía* die Bereitstellung weiterer Flottenkontingente über die zugesicherten 20 Trieren hinaus ab, und man hielt bis ca. 331 / 30 insgeheim Kontakt zu Dareios III. Kodomannos. In der ersten Phase des persischen Feldzuges eskalierte das Verhältnis der Bündnispartner bis hin zu offenen Machtdemonstrationen beider Seiten am Bosporos, als die Handelsrouten zum Schwarzen Meer einmal mehr zum Druckmittel zwischen Hegemonialmacht und widerspenstigem Bündner wurden. Spätestens seit Alexanders III. Siegen in den Jahren 333 und 332 war es allerdings auch für die Politikergruppe um Demosthenes klar, dass die Küstengebiete vom Bosporos bis nach Ägypten nun unter makedonischer Kontrolle standen und somit die athenische Flotte als einzige offensive Waffe der *pólis* im Falle eines Krieges nutzlos wäre. So stand Athen auch abseits, als die letzte griechische Revolte, angeführt vom spartanischen König Agis III., im Herbst 331, kurz vor der kriegsentscheidenden Schlacht bei Gaugamela, durch Antipatros niedergeschlagen wurde.

Aischines' Rede gegen Ktesiphon

163. Aber urteilt im Folgenden, wie die Tatsachen mit der Anschuldigung übereinstimmen. Falls Demosthenes wirklich einen Krieg mit Alexander führen wollte, wie er behauptet hatte, hätte er drei der besten Möglichkeiten überhaupt gehabt, aber er hat nicht eine davon genutzt. Die erste ergab sich, als Alexander, nachdem er die Herrschaft ergriffen hatte, nach Asien übersetzte. Der König der Perser war damals auf dem Höhepunkt seiner Macht, er hatte Schiffe, Geld und Truppen, und er wäre damals gerne in eine symmachía mit uns eingetreten, weil er sich bedroht fühlte. Oh Demosthenes, hast du zu dieser Zeit nur ein Wort geäußert? Hast du ein pséphisma beantragt? Soll ich raten, dass du mal wieder zu feige warst? Aber die große Politik wartet nicht auf rednerische Furcht. 164. Als Dareios mit seiner gesamten Streitmacht zur Küste heruntergekommen war, Alexander in Kilikien bedrängt und eingeschlossen war und – wie du selbst sagtest – im Begriff war, von persischen Hufen zertrampelt zu werden, da gab es nicht genügend Platz in der pólis für deine unerträgliche Anwesenheit und die der Briefe (= Kommunikation mit den Persern), *die du mit dir herumtrugst und die dir an den Fingerspitzen klebten. In Erwartung der Niederlage Alexanders hast du mich ein Opfertier genannt und gesagt, dass die Bekränzung* (des Opfertieres) *schon auf meinem Kopf war. Aber auch in dieser Situation hast du keinen Schritt mehr gemacht, sondern wieder auf eine bessere Möglichkeit gewartet. 165. Aber all dies will ich nicht weiter ausführen, sondern von jüngeren Geschehnissen reden. Die Lakedaimonier und ihre Söldnertruppe waren in der Schlacht erfolgreich und haben die Armee des Korrhagos geschlagen. Die Eleier und die Achaier haben sich ihnen angeschlossen, nicht die Pellener, und das gesamte Arkadien außer Megalopolis. Diese pólis war nun belagert und konnte täglich eingenommen werden. Alexander hatte sich im äußersten Norden, fast hinter der Grenze der oikouméne befunden, Antipatros versammelte noch sein Heer, alles schien ungewiss. Oh Demosthenes, was hast du damals getan* (für die Freiheit Griechenlands), *was hast du gesagt? Ich gebe gerne die Rednerbühne für dich frei.* ***(Aischin. 3)***

Erläuterungen: Alexander in Kilikien: im Sommer 333 vor der Schlacht bei Issos; **Korrhagos:** makedonischer Statthalter; ***oikouméne:*** Die den Griechen bekannte Welt.

Literatur

P. Barceló, Alexander der Große, Darmstadt 2007

H.-U. Wiemer, Alexander der Große, München 2005

I. Worthington (Ed.), Demosthenes. Statesman and Orator, London 2000

9 Triumph und Ende des Demosthenes

Der ‚Kranz-Prozess' (330)

Demosthenes ließ mit der Nicht-Unterstützung des peloponnesischen Aufstands unter Agis III. von Sparta die letzte große Chance auf Befreiung von der makedonischen Hegemonie in Griechenland verstreichen. Ob es überhaupt die reelle Möglichkeit eines militärischen Sieges über Antipatros gegeben hätte, wie sich die Mitglieder des Korinthischen Bundes und der Delphischen Amphiktyonie im Ernstfall verhalten hätten und ob Alexander III. vor oder nach der Schlacht von Gaugamela (Herbst 331) seine an der kleinasiatischen Küste stationierten Truppen für eine Invasion Griechenlands hätte mobilisieren können, das alles blieb fraglich und wurde in die athenischen Erwägungen einbezogen. Man kann sicherlich davon ausgehen, dass Demosthenes einen möglichen Schlachtentod Alexanders III., der keinen Sohn und damit potentiellen Thronfolger vorzuweisen hatte, abwarten wollte. Die Rücksichtslosigkeit des Makedonenkönigs in Bezug auf seine eigene Person war hinlänglich bekannt, und Nachrichten über brenzlige Situationen, wie die am Granikos im Jahre 334, als Alexander III. nur knapp mit dem Leben davonkam, erreichten auch Athen.

Die stetigen Erfolge des Perserfeldzuges ermutigten allerdings Aischines, nun endlich die Paranomieklage gegen Ktesiphon, und damit indirekt gegen Demosthenes, voranzutreiben. Die nach 340 und 338 dritte Kranzehrung des Demosthenes im Jahre 336, die vornehmlich seiner persönlichen, vor allem finanziellen Unterstützung der damaligen Baumaßnahmen galt, aber natürlich auch die Wertschätzung seines politischen Handelns durch die athenische Bürgerschaft zum Ausdruck bringen sollte, zog sofort die Klage des Aischines gegen den Antragssteller Ktesiphon nach sich (s. o. S. 98), kam allerdings erst im Jahre 330 zur Verhandlung. Nach der Anklagerede des Aischines hatte Ktesiphon wohl nur kurz gesprochen, um danach dem Demosthenes als seinem *synégoros* (Rechtsbeistand) das Wort zu überlassen. Aischines wie Demosthenes beschäftigten sich nur kurz mit den Anklagepunkten, die Ktesiphon belasteten. Der Hauptteil beider Reden bezog sich auf die athenische Politik bis zur Schlacht von Chaironeia.

Die moderne Forschung bezeichnet den sogenannten ‚Kranz-Prozess' als den „berühmtesten Prozeß der attischen Demokratie" (G.A. Lehmann). Ähnlich wie beim Gesandtschaftsprozess von 343 sind die Reden der beiden Protagonisten komplett erhalten und liefern ein wertvolles Beispiel für die forensische Taktik in dieser Kontroverse. Daneben enthalten die Reden eine Fülle von Informationen zur Wirtschafts-, Sozial- und Rechtsgeschichte Athens, die einen großen Zeitraum abdecken. Neben dem allgemeinen Nutzen als historische Quelle liegt in diesem Rededuell der ‚Rechenschaftsbericht' zweier politischer Kontrahenten vor, die über Jahrzehnte die Politik der *pólis* Athen in der Umbruchzeit des 4. Jahrhunderts maßgebend mitbestimmt haben. Aus erster Hand kann der moderne Leser Prozesse der Entscheidungsfindung nachvollziehen, die das Schicksal der Athener im machtpolitischen Geflecht der griechischen Gemeinwesen, aber auch in Auseinandersetzung mit der makedonischen Bedrohung ihrer *eleuthería* und *autonomía* prägten.

Aischines' Rede gegen Ktesiphon

6. Ihr Männer von Athen, es gibt drei Arten von Verfassungen unter den Menschen, die Tyrannis, die Oligarchie und die Demokratie. Tyranneien und Oligarchien folgen den Launen ihrer Herren, aber demokratische Polisverfassungen folgen den Gesetzen, die sie sich selbst gaben. Dies sollte keiner von euch vergessen, sondern sich daran erinnern, dass er, wenn er im dikastérion Platz nimmt, um in der Frage einer graphé paranómon Recht zu sprechen, an diesem Tag für oder gegen sein eigenes Rederecht seine Stimme abgibt. Deswegen hat der Gesetzgeber die Worte „Ich werde gemäß den Gesetzen abstimmen." in den zu leistenden Eid eingefügt. Denn er wusste ganz genau, dass wenn die Gesetze in der pólis beachtet werden, die Demokratie fortbesteht. 7. Das solltet ihr immer beachten und die verachten, die sich einer graphé paranómon schuldig gemacht haben. Ihr solltet eine derartige Untat nicht nachsichtig, sondern mit Strenge ahnden. Und ihr solltet euch dieses Recht nicht nehmen lassen, weder von den Strategen, die mit einigen Rednern unsere Verfassung durcheinandergebracht haben, noch von den Bitten Fremder, die von einigen hierher (nach Athen) *gebracht werden und so ihrer gerechten Strafe entgehen, falls ihr politisches Handeln gegen das Gesetz gerichtet war. So wie jeder von euch sich schämen sollte, im Krieg den ihm zugewiesenen Posten zu verlassen, so solltet ihr euch auch schämen, den Posten zu verlassen, den die Gesetze euch zugewiesen haben, nämlich heute die Wächter der Demokratie zu sein.* ***(Aischin. 3)***

Erläuterungen: sein eigenes Rederecht: *parrhesía*; ein verbrieftes Recht in der Demokratie und ein Charakteristikum der griechischen *pólis*-Gesellschaft

Schließlich sind die beiden Prozessreden auch hervorragende Zeugnisse für das Selbstverständnis der athenischen Bürgerschaft. Beide Redner greifen in ihrer Argumentation kontinuierlich auf das 5. Jahrhundert als das glorreiche Zeitalter ihrer Polisgemeinschaft zurück (*Dem. or.* 18,208). In dieser Zeit war Athen durch die erfolgreiche Perserabwehr (490 und 481–479) in seinem Selbstwertgefühl gestärkt und hatte mit dem Attisch-Delischen Seebund ein schlagkräftiges Instrument zur Hand, um eine Seeherrschaft (*thalassokratía*) in der Ägäis zu errichten, die selbst nach dem langen und letztlich verlorenen Peloponnesischen Krieg (431–404) wieder restauriert werden konnte.

Die Mehrzahl der Athener sah dieses Geschichtsbild als Legitimation ihres politischen Handels an. Das demokratische Selbstverständnis der Bürgerschaft zeigte sich darin, dass in Bezug auf die makedonische Expansion in verschiedenen Zeitphasen unterschiedliche politische Strategien von einer diplomatischen Annäherung (Aischines) bis zu einer Ausgrenzung (Demosthenes) verfolgt wurden. Das politische Urteil im ‚Kranz-Prozess' wurde letztlich mit überwältigender Mehrheit zugunsten des Demosthenes gefällt, dem der goldene Kranz dann auch verliehen wurde. Aischines erhielt unter 20 Prozent der Richterstimmen, musste somit 1000 Drachmen Buße zahlen und durfte sich in Athen nicht mehr als Ankläger in einem öffentlichen Prozess betätigen. Er ging ins freiwillige Exil nach Rhodos und eröffnete dort eine Rednerschule (*Plut. Dem.* 24,2-3). Laut späteren Zeugnissen soll er die Brillanz der demosthenischen Rede anerkannt haben (*Ps.-Plut. X Orat.* 840 d-e).

Die überwältigende Zustimmung für Demosthenes zeigte, dass sich die Athener auch nach der katastrophalen Niederlage von Chaironeia und unter der Hegemonie Alexanders III. nicht geschlagen gaben, sondern der politischen Strategie des Demosthenes vertrauten, auf eine günstige Gelegenheit zu warten. Demosthenes' Kranzrede ist seine letzte erhaltene politische Rede. Schon in der Zeit nach Chaironeia (338) zog er sich von der öffentlichen Rede deutlich zurück und ließ viele Gesetzesanträge über politische Freunde vor die *ekklesía* bringen. Sein Schweigen in der Ära Alexanders III. wird im ‚Kranz-Prozess' bekräftigt: Beide Redner gingen nur in geringem Maße auf die Zeit von 336 bis 330 ein.

Aischines' Rede gegen Ktesiphon

132. Was ist nicht alles Seltsames und Unerwartetes in unserer Zeit passiert! Wir haben nicht das normale Menschenleben geführt, sondern wurden geboren, um die Nachwelt zum Erstaunen zu bringen. War es nicht der persische König, der den (Berg) *Athos untertunneln ließ, der den Hellespont mit einer Brücke überwunden hat, der Erde und Wasser* (als Zeichen der Unterwerfung) *von den Griechen verlangt hat, der gewagt hat, in seinen Briefen* (an die Griechen) *zu schreiben, er sei Herr über alle Menschen vom Aufgang der Sonne bis zu ihrem Untergang? Dieser kämpft nun nicht um die Herrschaft, sondern um sein schieres Leben. Und sehen wir nicht den Ruhm und die Hegemonialstellung im Perserfeldzug auf diejenigen* (= die Makedonen) *vereint, die die Heilige Stätte von Delphi befreit haben? 133. Aber Theben! Theben, unsere Nachbarstadt, wurde an einem Tag aus der Mitte von Griechenland gefegt. Zwar geschah das rechtmäßig, denn sie schlugen* (politisch) *den falschen Weg ein, doch waren sie mit Blindheit und Wahnsinn geschlagen, der nicht auf Menschen, sondern auf göttliche Bestimmung zurückzuführen ist. Und die geplagten Lakedaimonier* (unter Agis III.), *die nichts mit der Tempelschändung zu tun hatten, diese Männer, die einst die Hegemonie über Griechenland für sich reklamierten, werden nun als Geiseln zu Alexander geschickt* (nach dem missglückten Aufstand) *und müssen sich erklären. Sie und ihr Vaterland sind dazu bestimmt zu erdulden, was ihm* (Alexander) *gefällt. Ihr Schicksal liegt in der Gnade des Mannes, der sie besiegt hat, nachdem er ungerechtfertigt von ihnen angegriffen wurde. 134. Und unsere pólis, die Zufluchtsstätte aller Griechen, zu der in früheren Tagen Gesandtschaften aus ganz Griechenland kamen, jede pólis um ihrer eigenen Sicherheit willen, unsere pólis ist nicht mehr im Wettkampf um die Hegemonie in Griechenland, sondern nur noch im Kampf um den Besitz des eigenen Vaterlandes. Und das ist uns passiert, seitdem Demosthenes unsere politischen Geschicke bestimmt.* ***(Aischin. 3)***

Erläuterungen: der persische König: gemeint ist in diesem Abschnitt Xerxes I. während der Invasion Griechenlands (481 / 80); **dieser kämpft nun …:** gemeint ist hier der aktuelle Perserkönig Dareios III. Kodomannos, dessen Tod zur Zeit des Kranz-Prozesses in Athen noch nicht bekannt war; **Tempelschändung:** Gemeint ist der Vierte Heilige Krieg.

Die Harpalos-Affäre (324 / 23): Verbannung des Demosthenes

In den Jahren zwischen 330 und 326 kam es zu (in erster Linie inschriftlich bezeugten) Versorgungsengpässen in Zentralgriechenland, vornehmlich in Attika. Infolge von Missernten in den getreideproduzierenden Regionen des östlichen Mittelmeers und der damit einhergehenden Angebotsverknappung konnte das Getreide nicht mehr unbegrenzt importiert werden, zugleich hatte sich der Preis erheblich verteuert. Dieser Wirtschaftskrise lagen allerdings auch die Auswirkungen des Alexanderzuges zugrunde. Insbesondere Ägypten, das seit 331 in makedonischer Hand war, reduzierte die Getreideverkäufe an Athen und andere nichtmakedonische Staaten, um eine solide Nahrungsmittelversorgung der asiatischen Landschaften im Machtbereich Alexanders III. garantieren zu können. Ebenso verteuerte sich das Getreide aus den Schwarzmeergebieten durch den monetären Überschuss, der infolge der Einnahme Persiens durch Alexander III. in den Ägäisraum gepumpt wurde. Der Makedonenkönig hatte die angehäuften Edelmetallvorräte des persischen Reiches ausmünzen lassen, wodurch es in diesen Jahren zu einem erhöhten Bargeldfluss und einer damit einhergehenden Preissteigerung gekommen ist. So mussten neue Versorgungswege etabliert werden. Die stabile Finanzpolitik des Lykourgos ermöglichte es den Athenern, im Amtsjahr 325 / 24 eine Bürgerkolonie an der Adriaküste einzurichten, die die Getreideschiffe aus Sizilien und Unteritalien (*Magna Graecia*) vor Piraten schützen sollte (IG II² 1629). Zugleich wurde Kyrene an der nordafrikanischen Küste zum Hauptlieferanten für Getreide an Attika (ca. ⅛ des Gesamtexports; SEG IX 2). Ähnlich wie in der Zeit kurz nach der Schlacht von Chaironeia, als Demosthenes zum *sitónes* („Getreideeinkäufer") bestimmt worden war (*Dem. or.* 18,248), wurde nun ein regulärer Getreidefonds eingerichtet, der sich aus öffentlichen Mitteln, allerdings auch aus freiwilligen Abgaben, den sog. *epidóseis*, speiste, die unregelmäßig schon seit der Ära des Euboulos den athenischen Staatsetat ergänzten (*Dem. or.* 21,161). Demosthenes selbst gehörte zur Leitung dieses Fonds und spendete ein Talent (*Ps.-Plut. X Orat.* 845 f; 851 b).

Ein weiterer Getreidelieferant war Harpalos, der Schatzmeister des makedonischen Königs, der sich mit athenischen Luxusgütern und der Verleihung des athenischen Bürgerrechts entlohnen ließ. Als Alexander III. aus Indien nach Babylon zurückkehrte (Winter 325 / 24), floh Harpalos nach Griechenland mitsamt einer großen Summe an

Geldmitteln, 6000 Söldnern und 30 Trieren. Schon aufgrund der Söldnertruppe verweigerte ihm die athenische *ekklesía* auf Antrag des Demosthenes im Frühjahr 324 die Aufnahme. Harpalos brachte den Großteil seiner Flotte zum ‚Söldnermarkt' der südlakonischen Stadt Tainaron und kehrte als *hikétes* („Schutzflehender") mit drei Trieren und 700 Talenten zum Piräus zurück. Dieses Mal wurde ihm unter Beachtung seines athenischen Bürgerrechts Asyl gewährt, jedoch wurde er – ebenfalls auf Antrag des Demosthenes – unter Hausarrest gestellt und sein Vermögen auf der Akropolis deponiert. Von makedonischer Seite wurde seine Auslieferung und die Übergabe der beachtlichen veruntreuten Summe verlangt. Diesen Forderungen kam man nicht nach, weil Harpalos sich nicht nur auf das heilige Asylrecht berufen konnte, sondern auch athenischer Staatsbürger war. Gleichzeitig gab es Unstimmigkeiten auf makedonischer Seite, wer bevollmächtigt sei, Harpalos in Gewahrsam zu nehmen, so dass Demosthenes Zeit gewann, indem er auf ein zu erwartendes Machtwort des Makedonenkönigs pochte.

In dieser Zeit war die politische Großwetterlage durch weitere Krisen bestimmt, ausgelöst durch die nun unverhohlene Dominanz Alexanders III. in der *oikouméne*. Er schickte im Sommer 324 seinen Gesandten Nikanor zu den Olympischen Festspielen, um dort das so genannte Verbanntendekret verkündigen zu lassen. Dieses sah vor, dass alle Verbannten, die nicht mit Blutschuld befleckt waren, in ihre Heimatstädte zurückkehren konnten (*Diod.* 17,109,1; 18,8,2-7). Damit griff Alexander III. natürlich in hohem Maße in die Autonomie der griechischen *póleis* ein, ohne sich mit dem *synhédrion* des Korinthischen Bundes und seinem Statthalter Antipatros abzustimmen. Für Athen und andere Gemeinwesen stellte sich auch die existentielle Frage, was mit den Kleruchen (z.B. auf Samos) geschehen sollte, wenn die ursprünglich Ansässigen wieder zurückkehren durften. Eng mit dem Verbanntendekret verknüpft war die Forderung des Makedonenkönigs und mittlerweile Herrschers über Asien, dass die Bündner seiner Person kultische Verehrung zukommen lassen sollten. Auch hier wird die Erosion des Korinthischen Bundes und die immer stärkere Distanzierung Alexanders III. von seinen makedonischen Statthaltern deutlich. Die kultische Verehrung noch lebender Personen war ein heikles Problem in Griechenland, das Widerstände geradezu automatisch nach sich zog. Dementsprechend reagierte auch Athen. Lykourgos kommentierte die Forderung mit den Worten, *man müsse sich nicht beim Betreten, sondern beim Verlassen eines derartigen Heiligtums kultisch reinigen* (*Ps.-Plut. X Orat.* 842 d), und Demosthenes bemerkte in der *ekklesía* spöttisch: *Soll er doch auch Sohn des Zeus und des Poseidon sein, wenn er will* (*Hyp. Dem.* (*or.*5) col. 31; vgl. *Deinarch.* 1,94).

Als einer der Sakralgesandten (*theoroí*) in Olympia hatte Demosthenes noch öffentlich den griechischen Autonomiegedanken verteidigt (*Plut. Dem.* 9,1), doch nach einer privaten Unterredung mit Nikanor scheint es, als hätte er um der Sicherheit der 10.000 attischen Kleruchen auf Samos willen der Auslieferung des Harpalos und der Einrichtung eines Kultes für Alexander III. zugestimmt. Im Herbst 324 wurde als Bestätigung eine *Sakral*gesandtschaft (*theoroí*) zu Alexander geschickt, zum „unbesiegten Gott" (*theós aníketos: Hyp. Dem.* (*or.*5) col. 32).

Diese Kehrtwende brachte Demosthenes nicht nur in Konflikt mit der Mehrheit der athenischen *ekklesía*, sondern auch mit seinen langjährigen politischen Weggefährten wie Hypereides, die die andauernde Politik des Stillhaltens unter der Hegemonie Alexanders III. nicht mehr mittragen wollten, zumal der Makedonenkönig nichts dazu beitrug, die athenischen Kleruchen auf Samos zu schützen. Dazu gab es weitere Probleme mit Harpalos, der zwar dem Hausarrest entfliehen konnte und später nach einer Station in Tainaron auf der Fahrt nach Kreta von einem Vertrauten ermordet wurde. Als man den Makedonen das auf der Akropolis deponierte Vermögen des Harpalos übergeben wollte, fehlte allerdings die Hälfte der 700 Talente. Dies führte zum Sturz des Demosthenes, dem vorgeworfen wurde, Anteile der verschwundenen 350 Talente entweder als Bestechung von Harpalos zur privaten Nutzung erhalten zu haben oder damit ‚Schwarze Kassen' gefüllt zu haben, was dem auf *checks and balances* ausgerichteten athenischen Verwaltungssystem natürlich streng zuwidergelaufen wäre und Gedanken an eine ‚undemokratische' Beeinflussung der Bürgerschaft nahelegte.

Demosthenes versuchte, in dieser Situation die politische Initiative zu behalten, und strengte im Areopag eine Untersuchung zu den verschwundenen Geldern an. Obwohl es nach Monaten der Nachprüfung keine Beweise für ein Fehlverhalten der Verdächtigen gab, wurden er und neun weitere prominente Politiker der Bestechlichkeit und Unterschlagung angeklagt. Es lagen keine Beweise vor, nur eine vom Areopag veröffentlichte Liste der Beklagten.

Die Verteidigungsrede des Demosthenes in dem von der Forschung so genannten ‚Harpalos-Prozess' ist leider nicht überliefert, ebenso sind die gegen ihn gerichteten Anklagereden des Hypereides und des Logographen Deinarchos nur fragmentarisch erhalten. Da es keine konkreten Beweise gab, erschöpften sich die Anklagereden in persönlichen Angriffen, stereotypen Beschuldigungen und der Wiederholung altbekannter Vorwürfe, was der üblichen forensischen Vorgehensweise entsprach. Insgesamt gesehen wurde Demosthenes persönliche Habgier unterstellt, die zu einem promakedonischen Kurs und damit zum Verrat an der athenischen Politik geführt habe. Nach dem Schuldspruch wurde er in Schuldhaft genommen, da er die Geldbuße von 50 Talenten nicht zahlen konnte. Von dort wurde ihm die Flucht in Form einer Selbstverbannung nach Troizen in der Argolis und später auf die Insel Kalaureia auf der peloponnesischen Seite des Saronischen Golfs ermöglicht, wobei seine persönlichen Vermögenswerte in Attika dem Staat anheimfielen (*Diod.* 17,108-109).

Forschungsmeinungen:

Demosthenes war in dieser Zeit [*nach Chaironeia*] politisch kaltgestellt. ... In der Folgezeit muß er seinem alten Widersacher Aischines in der Öffentlichkeit das Feld räumen, aber was für eine Öffentlichkeit war das! Es lohnte sich nicht, in ihr zu dominieren. Aber als Aischines versucht, auch das Bild von der Vergangenheit von der traurigen Gegenwart her zu formen, und jener bis in unsere Zeit hinein dauernde Kampf um das endgültige Urteil der Geschichte über Demosthenes beginnt, da hebt er sich noch einmal empor aus schmerzlichem inneren Ringen mit der grausamen Wahrheit, um sich ein letztes Mal zu seinen Taten zu bekennen. ***(Werner Jaeger: Demosthenes. Der Staatsmann und sein Werden, Berlin 1939, S. 190/91)***

To explain why little is known of what Demosthenes was doing during the reign of Alexander, the best hypothesis is that he was not doing much. It is not extravagant to suppose that he had learned the diplomatic and strategic lesson of Chaironeia. He more than any other single man had brought together the coalition that confronted Philip in that battle, and it was as formidable a coalition as one could hope to gather from Greek states. After its defeat a further possibility for success in armed resistance could only arise if the Macedonians became divided. Such a prospect first began to appear in the last year of Alexander's life. Meanwhile, Demosthenes waited in relative inactivity. ***(Raphael Sealey: Demosthenes and His Time. A Study in Defeat, Oxford 1993, 208)***

In manchen biographischen Skizzen und Würdigungen des Demosthenes werden daher die Jahre zwischen dem Kranzprozeß und der im Herbst 324 v. Chr. eskalierenden Harpalos-Affäre als eine Zeit des Abstiegs und persönlichen Niedergangs oder gar als „leere Blätter im Leben des Demosthenes" charakterisiert. Diese Auffassung, in der die staatsmännische Tätigkeit des ‚Redners' um einen wichtigen Abschnitt verkürzt wird, steht jedoch im Widerspruch zu eindeutigen Quellenzeugnissen und Fakten: So wird z. B. in den beiden erhaltenen Anklagereden des Harpalos-Prozesses – unabhängig voneinander und mit großem Nachdruck – einhellig darauf hingewiesen, daß Demosthenes bis zum Frühjahr 323 v. Chr. schlechthin die beherrschende Gestalt in der athenischen Politik gewesen ist. Er war und blieb der Verantwortliche für die auswärtigen Beziehungen der Stadt und wurde immer wieder mit wichtigen Ämtern und neuen Aufgaben betraut. ***(Gustav Adolf Lehmann: Demosthenes von Athen. Ein Leben für die Freiheit, München 2004, 204)***

Der Lamische Krieg (323 / 22): Rückkehr und Tod des Demosthenes

Der unerwartete Tod Alexanders III. in Babylon erschütterte im Sommer 323 die *oikouméne*. Viele griechische Gemeinwesen machten sich den sofort einsetzenden Machtkampf seiner Generäle zunutze und erhoben sich. Unter der Führung des Hypereides und des Strategen Leosthenes verkündete Athen die Auflösung des Korinthischen Bundes und die Gründung eines neuen Hellenenbundes, dem sich die Aitoler und weite Teile der Peloponnes außer Sparta und Arkadien, dazu Verbündete der Delphischen Amphiktyonie und – nach Anfangserfolgen im so genannten Hellenischen Krieg – auch die Thessaler anschlossen. Einzig die boiotischen Gemeinwesen blieben aus Furcht vor einer möglichen Restaurierung Thebens auf der Seite des makedonischen Statthalters Antipatros. Durch den mit Söldnern aus Tainaron verstärkten griechischen Heerbann unter Leosthenes wurden bei den Thermopylen zuerst die Boioter, danach ein makedonisches Kontingent unter Antipatros geschlagen. Antipatros zog sich daraufhin in die boiotische *pólis* Lamia zurück – weswegen der Krieg auch als der ‚Lamische Krieg' bezeichnet wurde. Der Tod des Leosthenes während der Belagerung von Lamia versetzte der griechischen Heerführung einen schweren Schlag, wie aus dem *epitáphios* des Hypereides im Winter 323 / 22 abzulesen ist. Schließlich zogen sich die griechischen Verbündeten von Lamia zurück, da ein makedonisches Entsatzheer unter Leonnatos, dem Satrapen von Phrygien, auf dem Weg war, die Belagerung des Antipatros aufzuheben. Parallel dazu erlitt der Hellenenbund im Sommer 322 eine schwere und den Ausgang des Krieges entscheidende Niederlage bei der Seeschlacht von Amorgos (Kykladen), wenngleich die letzte Entscheidung erst einige Wochen später zu Lande bei Krannon in Thessalien fiel, als die schon demoralisierten Griechen den vereinigten makedonischen Truppenteilen des zuvor gefallenen Leonnatos, Antipatros und Krateros nichts mehr entgegenzusetzen hatten.

Antipatros lehnte in der Folgezeit alle Verhandlungsangebote des Hellenenbundes ab und akzeptierte nur Friedensgespräche mit einzelnen *póleis*. Wie vorauszusehen, hatte dies eine massive Abfallbewegung innerhalb des Bundes zur Folge. Schließlich konnten die Athener nur noch eine bedingungslose Kapitulation anbieten, die mit der verzweifelten Hoffnung verbunden war, dass es nicht zu einer physischen Auslöschung der athenischen Bürgerschaft kommen würde. „Die Frage nach der Hegemonie in der griechischen Staatenwelt war bereits 338 entschieden, doch wurde dies den Athenern erst 322 bewußt." (L.-M. Günther).

Als Unterhändler dienten die schon immer auf friedlichen Ausgleich mit der makedonischen Hegemonialmacht bedachten Politiker Demades, Phokion und auch Demetrios von Phaleron, der am Anfang seiner politischen Karriere stand. Dieses Mal mussten die Athener eine dauerhafte makedonische Besatzung im Piräus und die Einrichtung einer oligarchisch / timokratischen Ordnung akzeptieren, wodurch die für eine Polisgemeinschaft unabdingbaren Werte der *autonomía* und *eleuthería* abgeschafft wurden, aber auch die für Athen so charakteristische *demokratía* (*Diod.* 18,8-18).

Wie erging es Demosthenes in dieser Zeit? Wie Plutarch berichtet, hatte er schon kurz nach dem griechischen Aufstand vom Exil aus auf der Peloponnes für die athenische Sache geworben und wurde auf Staatskosten ehrenvoll in die Heimat zurückgeholt. Juristisch geschickt wurde das Problem des noch anhängigen Gerichtsurteils, d.h. die Geldbuße von 50 Talenten, gelöst, indem man ihm die gleiche Summe für die Ausschmückung des Altars für Zeus *sotér* („Retter") zukommen ließ. Da er allerdings mittlerweile als Gemäßigter unter den makedonenfeindlichen Politikern galt, konnte er Athens Strategie im Lamischen Krieg nicht mehr beeinflussen: Deutlich wird dies an dem Umstand, dass nicht er die Rede auf die Gefallenen im Winter 323 / 22 hielt, sondern Hypereides.

In dieser Zeit hatte Demosthenes der griechischen Kriegsführung sicherlich eine gewisse Skepsis entgegengebracht, wie sich aus seiner treffenden Charakterisierung herauslesen lässt, *die Griechen verfügen nur noch über die Möglichkeiten, einen Krieg auf der* (sportlichen) *Sprintstrecke, aber nicht mehr auf der Langlaufstrecke zu führen* (*Ps.-Plut. X Orat.* 846 e). Trotz seiner eher moralisch aufzufassenden Unterstützung des Hellenenbundes gehörte er mit Hypereides zu den Politikern, deren Auslieferung Antipatros als *conditio sine qua non* verlangte. In den Augen der Makedonen, vor allem derer, die wie Antipatros noch in der Zeit Philipps II. die diplomatischen und militärischen Auseinandersetzungen mit Athen hautnah miterlebt hatten, galt Demosthenes immer noch als Symbol des unbeugsamen Widerstandes gegen die makedonische Hegemonialmacht. Die Athener verschafften den bedrohten

Politikern einen gewissen Vorsprung, indem sie ein Gerichtsverfahren anstrengten und ihnen die Gelegenheit zur Flucht in ein sakrales Asyl außerhalb von Attika boten. Hypereides wurde im Herbst 322 unter Missachtung des Asylrechts von den Makedonen aus einem Tempel in Aigina entführt und in Pella ermordet. Demosthenes wurde bald danach im Poseidon-Tempel von Kalauria aufgespürt, nahm Gift und trat seinen makedonischen Verfolgern nur noch entgegen, um den Tempelbezirk mit seinem Tod nicht zu verunreinigen. Eine den Gebräuchen der *pólis* entsprechende ordentliche Bestattung war keinem der Makedonengegner vergönnt: „ ... *Demosthenes and his supporters had too often linked democracy with freedom*“ (P. J. Rhodes).

Plutarch, Leben des Demosthenes, Kapitel 26 – 30

26.5. Er ertrug die Verbannung nur sehr schwer. Meistens war er auf Aegina und in Troizen und schaute unter Tränen nach Attika, und es wird berichtet, er hätte vieles von sich gegeben, was nicht zu seiner mutigen Politik passt. 6. Man sagt, als er das Stadtgebiet verlassen musste, habe er die Arme zur Akropolis ausgestreckt und gerufen: „O Herrin (Athene) *Polias, warum gefallen dir die drei bösesten Tiere, die Eule, die Schlange und das Volk?“ 7. Und die jungen Männer, die zu ihm kamen und sich mit ihm unterhielten, warnte er davor, Politik zu betreiben. Er sagte, wenn am Anfang zwei Wege vor ihm gelegen hätten, einer zur béma und zur ekklesía, der andere ins Verderben, und hätte er all das Schlechte im voraus gewusst, was die Politik mit sich bringt, nämlich Furcht und Hass, Feindseligkeiten und Kämpfe, dann hätte er den Weg genommen, der in den Tod führte.*

27.1. Aber noch während seiner Verbannung starb Alexander. Ganz Griechenland stand wieder auf. Leosthenes führte erfolgreich Krieg, schloss Antipatros in Lamia ein und belagerte ihn. ... 3. Demosthenes unterstützte die athenischen Gesandten und reiste mit ihnen in die póleis, um sie dazu zu bringen, die Makedonen anzugreifen und sie aus Griechenland zu vertreiben. ... 6. Das Volk der Athener beschloss daraufhin die Rückberufung des Demosthenes. Den Antrag stellte ein Verwandter des Demosthenes, Demon aus Paiania. Man schickte eine Triere nach Aigina, um ihn abzuholen. Als er am Piräus eintraf, blieben weder Beamte noch Priester (in der Stadt) *zurück, und auch fast alle Bürger kamen und begrüßten ihn. ...*

28.1. Aber nicht lange konnte er sich an seinem Vaterland erfreuen, denn die Erfolge der Griechen brachen schnell auseinander. ... 2. Als man erfuhr, dass sich Antipatros und Krateros auf dem Weg nach Athen befanden, verschwanden Demosthenes und seine politischen Freunde schnell aus der Stadt, und der démos verurteilte sie auf Antrag des Demades zum Tode. 3. Da sie sich überallhin verstreuten, sandte Antipatros Männer aus, die sie festnehmen sollten. Ihr Anführer war Archias, der den Spitznamen „Flüchtlingsjäger" hatte. 30.1. … als Demosthenes am Altar zusammengebrochen war, soll man ein Blatt gefunden haben, der einen Briefbeginn enthielt: „Demosthenes an Antipatros", sonst nichts.

Literatur

L. Burckhardt, J. Ungern-Sternberg (Hgg.), Große Prozesse im antiken Athen, München 2000

J. Engels, Studien zur politischen Biographie des Hypereides. Athen in der Epoche der lykurgischen Reformen und des makedonischen Universalreiches, München ²1993

P. J. Rhodes, A History of the Classical Greek World. 478–323 BC, Oxford 2006

W. Will, Alexander und Athen. Untersuchungen zur Geschichte der Stadt von 338 bis 322 v. Chr., München 1983

Das Nachleben des Demosthenes

In der Antike

Das spätklassische Athen erlebte in der Epoche der Diadochenkriege (322–281) eine wechselvolle Geschichte, bedingt durch den makedonischen Zugriff auf die *pólis*. Die wichtigste Konstante war jedoch das Weiterleben der *pólis*-typischen Verfassungsorgane wie Volksgericht, Volksversammlung, Rat und Areopag, wenngleich eine Verfestigung der oligarchischen Strukturen zu beobachten ist, wie z. B. die Stärkung des Areopags als Kontrollinstanz, die Einrichtung der *nomophylakía* („Gesetzesüberwachung") oder die Abschaffung der *choregía*. Diese oligarchischen Reformen wurden in der Ära des Demetrios von Phaleron vorgenommen, der als junger Politiker zusammen mit Phokion und Demades nach dem verlorenen Lamischen Krieg die Kapitulationsverhandlungen mit den Makedonen führte (322; s. o. S. 112) und ab 317 von Kassandros als *epimeletés* („Statthalter") in Athen eingesetzt wurde. Aus der neuen politischen Ausrichtung Athens ergab es sich, dass in der Dekade bis 307, als Demetrios Poliorketes den *epimeletés* samt dem oligarchischen Regiment stürzte und die demokratische Verfassung restaurierte, die Erinnerung an Demosthenes zugunsten derjenigen an Phokion zurückgedrängt wurde. 307, im Jahr der demokratischen Wiederherstellung, erfolgte dagegen die Rehabilitierung der 322 auf Druck des Antipatros verurteilten und mittlerweile verstorbenen Politiker wie Hypereides und Demosthenes und die nachträgliche Würdigung der Gefallenen des Lamischen Krieges.

Demosthenes und seinen Verdiensten für die *pólis* wurden im Zuge der vollständigen Unabhängigkeit Athens (287/86) umfangreiche Ehren zuteil, die von seinem Neffen Demochares im Jahre 280 beantragt wurden (*Ps.-Plut. X Orat.* 847 d; 850 f). Demochares, der sich wie sein Onkel rednerisch und politisch betätigte und nach seinem Tod auch eine Ehrenstatue erhielt (*Ps.-Plut. X Orat.* 847 c-e), verfasste darüber hinaus eine Zeitgeschichte, deren erhaltene Fragmente eine Konzentration auf die Jahre zwischen 322 und 287 erkennen lassen und die ein Gegenbild zur Geschichtsauffassung des Demetrios von Phaleron bildete. Die von Plutarch beschriebenen Ehrungen bildeten neben der

Kranzauszeichnung die höchste Anerkennung der Mitbürger, die man in einer demokratisch verfassten *pólis* erreichen konnte; es handelte sich dabei um die lebenslange und kostenfreie Speisung im Prytaneion (im Falle des Demosthenes für den jeweils ältesten Nachkommen) und die Aufstellung einer Ehrenstatue auf der *agorá*. Die vollplastische Bronzestatue des Demosthenes, geschaffen vom ansonsten unbekannten Bildhauer Polyeuktos, hat aufgrund ihres Materialwertes die Jahrhunderte nicht überstanden, wohl aber einige römische Marmorkopien dieser Ehrenstatue. Bedeutende Repliken befinden sich (in der Form als Portraitbüste) im Louvre und im British Museum; komplett erhaltene Statuen in den vatikanischen Museen und in der Ny Carlsberg Glyptothek, Kopenhagen (Abb. 6: Ergänzung der Hände und Teile der Unterarme mit einer Buchrolle in Händen). An beiden Repliken sind die Hände ergänzt, da der Originalmarmor an diesen Stellen, die mitsamt der Unterarme am weitesten hervorragen und dadurch am bruchanfälligsten sind, verloren ist.

Plutarch, Leben des Demosthenes, Kapitel 30 – 31
30.4. Man braucht die unterschiedlichen Aussagen derjenigen (Historiker), *die über ihn* (= Demosthenes) *geschrieben haben, nicht alle wiedergeben. Demochares, ein Neffe des Demosthenes, schreibt, er glaube, dass Demosthenes nicht durch das Gift, sondern durch göttliche Wertschätzung und Vorsehung der Grausamkeit der Makedonen entkommen konnte, weil er einen kurzen und schmerzlosen Tod hatte. 5. … Nicht lange* (nach seinem Tod) *ließ ihm der démos der Athener die Ehre zukommen, ein ehernes Standbild von ihm aufzustellen und für den jeweils Ältesten seiner Nachkommen eine* (kostenfreie) *Speisung im Prytaneion einzurichten. Und auf dem Sockel der Statue wurde die berühmte Inschrift gesetzt:*
„Wärest du ebenso mächtig wie willensstark gewesen, Demosthenes, hätte der makedonische Ares die Griechen nicht beherrscht." …
31.1. … Kurz nachdem ich (= Plutarch) *nach Athen kam, soll Folgendes passiert sein. Ein Soldat, der von seinem Vorgesetzten vor Gericht geladen wurde, legte sein Geld in die Hände des Standbildes* (des Demosthenes). *2. Neben dem Standbild mit den gefalteten Händen steht eine hochgewachsene Platane. Viele Blätter wehten von der Platane auf das Geld, entweder zufällig durch den Wind, oder der Soldat hatte sie selbst darauf gelegt. Die Blätter verdeckten das Geld, und dadurch blieb es ziemlich lange verborgen. 3. Als der Mann zurückkam und sein Geld wiederfand, wurde der Vorfall*

schnell verbreitet. Einige Witzbolde begannen sofort, Epigramme über die Unbestechlichkeit des Demosthenes zu schreiben.

Erläuterungen: *Ares:* Gott des Krieges; hier: die militärische Übermacht der Makedonen; **Epigramme:** Sinngedichte / -sprüche.

Wie schon dargelegt, wurde dem rednerischen Vermögen des Demosthenes in der gesamten Antike große Anerkennung gezollt, selbst bei seinen politischen Gegnern wie im Falle des Aischines (s. o. S. 105). Das führte zu einer durchgängigen Tradierung seiner Werke, insbesondere als sich in Rom der sogenannte Attizismus durchsetzte (s. o. S. 7). Doch wie sah es mit der politischen Bedeutung des Demosthenes aus? Die erste kritische Auseinandersetzung nach seinem Tod findet sich bei Demetrios von Phaleron, dem es ein Anliegen war, den auf Ausgleich bedachten Gegner des Demosthenes, Phokion, in seiner Bedeutung für das Fortleben der athenischen *pólis* stärker in den Vordergrund zu rücken. Dieser Tendenz schloss sich der in der Antike vielgelesene und -zitierte Historiker Theopompos von Chios an, dessen Werke heute nur noch fragmentarisch erhalten sind. So wundert es nicht, dass auch die Reden der Gegner des Demosthenes aus dem Gesandtschafts-, Kranz- und Harpalosprozess fast vollständig überliefert sind: Sie boten natürlich hinreichend

Abb. 6: Ehrenstatue des Demosthenes, geschaffen von Polyeuktos für die athenische agorá, um 280 v. Chr. Römische Kopie nach der griechischen Bronzestatue (Ny Carlsberg Glyptotek, Kopenhagen).

Munition für die alexanderfreundlichen Geschichtsschreiber des Hellenismus. Bei Plutarch lassen sich in den Viten des Demosthenes, des Phokion und des Alexander die Nachwirkungen der makedonenfreundlichen historiographischen Überlieferung noch deutlich erkennen. Eine andere Absicht verfolgte der Historiker Polybios aus Megalopolis, der Analyst römischer Hegemonialpolitik im 2. Jh. v. Chr. In einem vergleichenden Exkurs verurteilte er die Politik des Demosthenes vor Chaironeia als kurzsichtig und wehrte sich gegen den von Demosthenes in seiner Kranzrede (*Dem. or.* 18,43; 48; 295) erhobenen Vorwurf, die peloponnesischen Gemeinwesen, darunter auch Megalopolis, hätten das gemeinsame Ziel der Griechen verraten, sich für ihre *autonomía* und *eleuthería* gegen die Hegemonialansprüche Philipps II. zur Wehr zu setzen (*Polyb.* 18,14). Eben diese Argumentation des Demosthenes, die überkommene Lebensform der demokratisch verfassten *pólis* gegen einen Despoten verteidigen zu müssen, führte in der späten römischen Republik M. Tullius Cicero dazu, seine Reden gegen M. Antonius (44 / 43 v. Chr.) in Anlehnung an die demosthenischen Reden als *Philippische Reden* zu bezeichnen (*Cic. ep. Brut.* 2,4) und damit M. Antonius rhetorisch als Tyrannen zu brandmarken.

In der Neuzeit

Die Instrumentalisierung des Demosthenes-Bildes als eines Verfechters des abendländischen Freiheitsgedankens wurde schon kurz nach dem Fall von Konstantinopel (1453) aufgenommen. Basilios Bessarion, seit 1463 Titularpatriarch von Konstantinopel, nutzte 1470 seine eigens angefertigte lateinische Übersetzung der demosthenischen *Ersten Olynthischen Rede* (*Dem. or.* 1), um zu einem Kreuzzug mit dem Ziel der Rückgewinnung der sich nun in osmanischer Hand befindenden Landschaften aufzurufen. Spätestens seit der englischen Übersetzung des *Corpus Demosthenicum* (1570) diente die athenozentrische Deutung der Auseinandersetzung zwischen den griechischen *póleis* und Philipp II. von Makedonien als historische Folie für die publizistische Verfemung des spanischen Königs Philipp II. in elisabethanischer Zeit. Die parlamentarische Tradition und die Seemacht Englands legten natürlich die Parallelen zur athenischen *thalassokratía* nahe. In der Zeit der napoleonischen Kriege bis 1815 dienten die Reden des Demosthenes als Grundlage für antinapoleonische Flugschriften in den deutschen Gebieten. Auch noch im 20. Jahrhundert wurde das historische Beispiel nutzbar gemacht, so 1924 im historischen Essay des französischen

Politikers Georges Clémenceau nach dessen gescheiterter Kandidatur für das Amt des Staatspräsidenten und im Zweiten Weltkrieg mit einer Gleichsetzung der (antiken) makedonischen und der (modernen) deutschen militärischen Expansion aus englischer Feder.

Im wissenschaftlichen Bereich blieb das philologische Urteil über Demosthenes überwiegend positiv; die Beurteilung der politischen Bedeutung des Redners war jedoch immer von der Bewertung der makedonischen Herrschaft, und hier vor allem ihrer maßgeblichen Exponenten Philipp II. und Alexander III., abhängig. Verstärkt wurde diese Diskrepanz noch durch die im 19. Jahrhundert erfolgte Aufspaltung der Klassischen Altertumswissenschaften in ihre Teilbereiche Alte Geschichte, Klassische / Alte Philologie und Klassische Archäologie. Natürlich wirkten auch die gesellschaftspolitischen Entwicklungen im Rahmen der Entstehung der Nationalstaaten auf die historische Betrachtung ein. Als Beispiel sei auf die unterschiedliche Deutung des Demosthenes in der vorrevolutionären Schrift *De l'esprit de lois* (1748) von Charles de Montesquieu (systemimmanentes Scheitern des Demosthenes) und in der *History of Greece* (1846–1856) des englischen Historikers George Grote (Demosthenes als früher Exponent liberaler Strömungen) verwiesen.

Die kulturelle Begeisterung für das klassische Griechenland, ausgelöst durch die kunsthistorischen Betrachtungen von Johann Joachim Winckelmann ab 1755, führte neben der Befreiung Deutschlands von der napoleonischen Bedrohung seit dem Vormärz zu einer positiven wissenschaftlichen Rezeption der politischen Rolle des Demosthenes im deutschsprachigen Raum (Barthold Georg Niebuhr; Ernst Curtius). Die Aufwertung der makedonischen Expansion kehrte diesen historischen Trend allerdings wieder um: Maßgeblich daran beteiligt waren die geschichtsphilosophischen Abhandlungen von Georg Wilhelm Friedrich Hegel (1770–1831), der die Weltgeschichte als Abfolge von Epochen deutete, die von den ‚Großen Männern' prozessual dynamisiert und zu ihrem Abschluss gebracht werden. Gemäß dieser Deutung stand Demosthenes dem durch die Makedonenkönige personifizierten Fortschritt – in diesem Falle eine Form von nationalstaatlicher Einigung – einfach im Weg. Einen weiteren geschichtsphilosophischen Strang repräsentierte die Auffassung Johann Gustav Droysens (1808–1884), die Epoche des von ihm so bezeichneten ‚Hellenismus' (323–30) mit der Verbreitung der griechischen Sprache und Kultur in den vorderasiatischen Gebieten infolge des Alexanderzuges sei eine notwendige Vorbereitung auf die spätere erfolgreiche Verbreitung des

Christentums gewesen. Somit erfüllten gemäß Droysen die Makedonenkönige Philipp II. und vor allem Alexander III. einen gottgewollten und weltgeschichtlich notwendigen Auftrag. Diese teleologische Auffassung von Geschichtsentwicklung einerseits und der so gedeutete Primat ‚Großer Männer' in der Geschichte andererseits, deren Legitimation der machtpolitische Erfolg ist, führten sukzessive zu einer Vernachlässigung des Demosthenes (und damit auch der athenischen *pólis* im 4. Jahrhundert) außerhalb der philologischen Forschung, die erst seit den letzten Jahrzehnten überwunden wird.

Forschungsmeinungen:
Hier endet die Politik und die Waffen entscheiden. Sie entscheiden gegen Demosthenes. Nach anfänglich günstigen Gefechten kämpfen die Griechen – unter ihnen Demosthenes als einfacher Hoplit – bei Chaironeia unglücklich gegen das in langen Kriegen gestählte Heer Philipps. Die alten Gegner des Demosthenes, Aischines und Phokion, werfen ihm vor, daß er nicht den Tod in der Schlacht gesucht habe. Das wäre in der Tat der stilgerechte Abschluß eines Heldenlebens gewesen, und was hätte er dem Demosthenes erspart! Aber wenn er auch so gut wie jeder seiner Mitbürger die Zähne zusammengebissen und seine soldatische Pflicht erfüllt hat – ein Freiheitsheld in dem Sinne war Demosthenes nicht, daß er den Tod um jeden Preis bei Chaironeia hätte suchen müssen. Er war und blieb ein Fanatiker seiner Idee. Sie gestattete ihm nicht, ruhmvoll zu sterben, solange es auch nur den Schatten einer Möglichkeit gab, sie festzuhalten, und daß er, der die unerbittlich nüchterne Einschätzung der Gefahr von jeher gefordert hatte, trotz seines Wirklichkeitssinnes auch jetzt nicht aufhören konnte, an diese Möglichkeit wie an ein Wunder zu glauben, das eben war ***seine*** Form der Tragik.
(Werner Jaeger: Demosthenes. Der Staatsmann und sein Werden, Berlin 1939, S. 184)

In den Auseinandersetzungen mit Philipp hatte Demosthenes eine lange, am Ende zu lange Zeit gegen die Kurzsichtigkeit der damaligen Führung und nicht minder gegen die Indolenz und das fatale Sicherheitsgefühl des athenischen Demos ankämpfen müssen. Im Frühjahr 323 v. Chr. war es dagegen eine von starken Emotionen bestimmte, antimakedonische Strömung, die in der Bürgerschaft die Oberhand über die vorsichtig kalkulierte politische Linie ‚des Redners' gewann. Ein Zusammenstoß mit Alexander konnte in seinen Augen, angesichts der sieghaften Energie des schlechthin unberechenbaren Erobererkönigs und der Ressourcen seines Weltreiches, nur mit einer Katastrophe für Athen und Hellas enden. Um dies zu vermeiden war Demosthenes bereit, sich mit sachkundiger Diplomatie und einem hohen Maß an Selbstverleugnung auf die politischen Realitäten und die personellen Konstellationen an der Spitze der makedonischen Monarchie einzustellen. Die langfristige Perspektive war dabei jedoch nicht die Einordnung der Polis in die makedonisch beherrschte Oikumene, sondern die umsichtige Erhaltung der athenischen Machtmittel und -chancen in Hellas für die Zeit ***nach*** Alexander und die Stunde des dann fälligen Umbruchs an der Spitze des Reiches. Man wird ihm somit gerade auch für diese Phase weder politischen Verantwortungssinn noch staatsmännisches Format absprechen können. ***(Gustav Adolf Lehmann: Demosthenes von Athen. Ein Leben für die Freiheit, München 2004, 215–216)***

Auch heutzutage ist ein Urteil über Demosthenes und seine Position im Rahmen der athenischen Demokratie des 4. Jahrhunderts immer auch ein Urteil über die Auswirkungen der makedonischen Expansion auf Griechenland in jenen Jahren. Doch eine eng miteinander verzahnte, dabei im Urteil vergleichende Geschichtsbetrachtung ist nicht ungewöhnlich, wie man an den ‚klassischen' Paradigmen *Rom und Karthago* oder *Caesar und Pompeius* erkennen kann. Sicherlich darf man es sich nicht so einfach machen, beispielsweise die rednerische Dominanz des Demosthenes gegen die militärische Brillanz der beiden Makedonenkönige in die Waagschale zu werfen, um dann den universalhistorischen Einfluss messen zu können. Demosthenes und Philipp II. waren jahrzehntelang jeweils skrupellose, anpassungs- und leidensfähige Gestalter eines fragilen politischen Gebildes, das ihnen und ihren *sýmmachoi* sehr viel abverlangte. Sie waren aber grundsätzlich immer davon überzeugt, in erster Linie im besten Interesse ihrer Mitbürger zu handeln. Demosthenes charakterisierte die athenischen Politen als Vollender der athenischen Machtpolitik seit der Überwindung der persischen Bedrohung (480/79) und ordnete seine Politik in den athenischen Erinnerungsraum ein, der aus den dinglichen und ideellen Traditionen der pólis bestand. Philipp II. wurde aufgrund seiner Heeresreform und der anschließenden militärischen Erfolge zur Identifikationsfigur der makedonischen Hoplitenbürger, die er mit der Bezeichnung *pezhétaroi* („Gefährten zu Fuß") in Analogie zum innersten Kreis des Königs, den *hetaíroi* („Gefährten"), gleichsam nobilitierte und an sich band. Demosthenes wie Philipp II. wuchsen in persönlich schwierigen und politisch kritischen Verhältnissen heran und schöpften die ihnen zur Verfügung stehenden Machtmittel voll aus. Ein makedonischer König konnte seine Position in seinem Herrschaftsraum nicht ohne andauernde Erfolge halten, das gleiche gilt aber auch für einen Politiker im hochgradig kompetitiven politischen Raum der antiken *face-to-face society*. Schließlich wurden die Erfolge beider überstrahlt vom Charisma des jugendlichen Eroberers Alexander III.

Sieht man am Ende der makedonischen Entwicklung, die mit dem Aufstieg Philipps II. ab 359 begonnen hatte, nur den territorialen und machtpolitischen Gewinn, eventuell auch die zivilisatorisch-kulturelle Leistung einer Hellenisierung über die Grenzen der *oikouméne* hinaus, die der Eroberung folgte, dann ist Demosthenes' Lebensleistung ein Paradigma des Scheiterns. Die moderne Forschung hat sich natürlich längst vom teleologischen Ansatz Droysens entfernt und definiert nun die ‚Schnittstelle' Spätklassik / Frühhellenismus als eine Umbruchzeit, die das Ende des ‚Freien Griechenlands' markiert. Mit dem Leben des Demosthenes endete auch die zu einer eigenständigen Außenpolitik fähige Poliswelt, die zunächst im Schatten der hellenistischen Könige stand und später zu einem Teil des *Imperium Romanum* wurde. Betrachtet man allerdings das weitere Schicksal der *pólis* Athen, die immer wieder zur *demokratía* zurückfand, und das Überdauern ihrer systemimmanenten Werte der Redefreiheit (*parrhesía*), Gleichheit vor dem Gesetz (*isonomía*), Freiheit (*eleuthería*) und Selbstbestimmung (*autonomía*), die heute wieder als Grundlagen moderner Staatsverfassungen dienen, dann liegt hier die Erfolgsgeschichte eines demokratisch verfassten Gemeinwesens vor, an der Demosthenes nicht unwesentlichen Anteil hatte.

Literatur

E. Drerup, Demosthenes im Urteile des Altertums, Würzburg 1923

B. Dreyer, Untersuchungen zur Geschichte des spätklassischen Athen (322 v. Chr. – ca. 230 v. Chr.), Stuttgart 1999

K. Fittschen (Hg.), Griechische Porträts, Darmstadt 1988

L. Kolmer, Geschichtstheorien, Paderborn 2008

Zeittafel

500 – 338	Klassisches Zeitalter Griechenlands
490	Sieg der Athener über die Perser bei Marathon
480 / 79	erfolgreiche Perserabwehr durch den Hellenenbund mit Siegen bei Salamis, Plataiai und Mykale
478 – 404	Attisch-Delischer Seebund
431 – 404	Peloponnesischer Krieg
404	bedingungslose Kapitulation Athens
404 / 03	oligarchisches Regime der ‚Dreißig' in Athen
400 – 394	Krieg zwischen Sparta und Persien in Kleinasien
395 – 386	Korinthischer Krieg
387 / 86	Friede des Antalkidas oder Königsfrieden (*koiné eiréne*)
384	Geburt des Demosthenes
ca. 382	Geburt Philipps II.
378 / 77 – 338 / 37	Zweiter Athenischer Seebund
377	Aristoteles-Pséphisma Tod von Demosthenes' Vater: Beginn der Vormundschaft
377 – 352	Maussol(l)os von Karien
371	Niederlage der Spartaner bei Leuktra
371 – 362	Thebanische Hegemonie in Griechenland
um 370	Statue der Eirene mit dem Plutosknaben (Kephisodotos d. Ä.)
369 / 68 – 365	Aufenthalt Philipps als Geisel in Theben
366 – 364	Ephebendienst des Demosthenes
364 – 362	Vormundschaftsprozesse des Demosthenes
ab 364	Logographentätigkeit des Demosthenes
359 – 338	Artaxerxes III. Ochos, persischer Großkönig
359 – 336	Philipp II. von Makedonien
357 – 355	Athenischer Bundesgenossenkrieg
357	Makedonische Einnahme von Amphipolis
356	Makedonische Einnahme von Pydna und Poteidaia; Zugriff auf die Edelmetallbergwerke im Pangaion Geburt Alexanders
356 / 55 – 346	Krieg der Delphischen Amphiktyonie gegen die Phoker, sog. Dritter Heiliger Krieg
355	Makedonische Einnahme von Methone

354 / 53 – 343	Ära des Euboulos in Athen: finanzielle Gesundung der Stadt
352	Schlacht auf dem Krokosfeld: Niederlage der Phoker makedonisches Bündnis mit Perinthos und Byzantion
351	Erste Rede des Demosthenes gegen Philipp
ab 349	Konflikt um Olynth
348	Drei Olynthische Reden des Demosthenes Vernichtung Olynths und des Chalkidischen Städtebundes durch Philipp
347 / 46	Wahl des Demosthenes zum Bouleuten
346	Athenische Gesandtschaften nach Makedonien Frieden des Philokrates; Hegemonialstellung Philipps in der Delphischen Amphiktyonie nach Beendigung des Dritten Heiligen Krieges und Ausschluss der Phoker Rede des Demosthenes über den Frieden
344	Zweite Rede des Demosthenes gegen Philipp
343	Gesandtschaftsprozess
343 – 341	Konflikt zwischen Athen und Makedonien um die Chersonesos
341	Dritte und Vierte Rede des Demosthenes gegen Philipp
340	Gründung des Euboiischen Bundes und des Hellenenbundes: politischer und militärischer Zusammenschluss gegen Philipp II. makedonische Belagerung von Perinthos und Byzantion Beginn der persischen Subsidien für Athen athenische Kriegserklärung an Philipp II. nach dem makedonischen Angriff auf die griechische Getreideflotte Wahl des Demosthenes zum Vorsteher über das Flottenwesen und Reform des trierarchischen Systems Kranzehrung des Demosthenes
340 / 39 – 338	Krieg der Delphischen Amphiktyonie um Amphissa, sog. Vierter Heiliger Krieg
339	Eintritt Thebens in den Hellenenbund
338	erneute Kranzehrung des Demosthenes Makedonische Einnahme von Amphissa Schlacht von Chaironeia: Sieg Philipps II. über den Hellenenbund Ernennung des Demosthenes zum Getreideeinkäufer der *pólis* Athen Aufenthalt Alexanders in Athen *Epitáphios* des Demosthenes Auflösung des Hellenenbundes und des Zweiten Athenischen Seebundes Ermordung des Artaxerxes III. Ochos

338 – 30	**Epoche des Hellenismus**
338 / 37	Korinthischer Bund; Vorbereitung des Perserfeldzuges
338 – 322	Ära des Lykourgos in Athen: finanzielle Stabilisierung der Stadt
337 / 36	erneute Kranzehrung des Demosthenes Wahl des Demosthenes zu einem der Verwalter der *theorikón*-Kasse
336	‚Demokratie'-Gesetz des Eukrates Ermordung Philipps II. in Aigai; Nachfolger: Alexander III.
335	thebanischer Aufstand gegen Alexander III.; Vernichtung Thebens
335 – 330	Dareios III. Kodomannos, persischer Großkönig
331	Niederschlagung des spartanischen Aufstandes unter König Agis III. Schlacht bei Gaugamela
330	Kranzprozess
324	Harpalos-Affäre mitsamt Prozess in Athen; Exilierung des Demosthenes Verbanntendekret Alexanders III.
323	Tod Alexanders III. in Babylon; Nachfolgekämpfe Auflösung des Korinthischen Bundes und Gründung des Hellenenbundes: Widerstand gegen die makedonische Hegemonie ‚Hellenischer' bzw. ‚Lamischer' Krieg ehrenvolle Rückberufung des Demosthenes
322	Sieg der Makedonen bei Amorgos und Krannon; bedingungslose Kapitulation Athens Flucht der Makedonengegner; Selbstmord des Demosthenes
322 – 281	Diadochenkriege
322 – 307	oligarchisches Regime in Athen (Demetrios von Phaleron)
307	Wiederherstellung der demokratischen Verfassung in Athen: Rehabilitierung der Makedonengegner
287 / 86	erneute Unabhängigkeit Athens
280	Ehrungen für Demosthenes, beantragt von seinem Neffen Demochares: u. a. Ehrenstatue für Demosthenes (Polyeuktos)

Quellen- und Literaturverzeichnis

Quellen

Inschriften

IG = Inscriptiones Graecae (hrsg. von der Berlin-Brandenburgischen Akademie der Wissenschaften), Berlin 1873 ff. (bislang 51 Einzelbände)

SEG = Supplementum Epigraphicum Graecum (hrsg. von A. Chaniotis, T. Corsten, R.S. Stroud, R.A. Tybout), Leiden 1923 ff. (bislang 56 Bände)

K. Brodersen, W. Günther, H. H. Schmitt, Historische griechische Inschriften in Übersetzung, Bd. 1, Darmstadt 1992. Bd. 2, Darmstadt 1996

P. Harding, Translated Documents of Greece and Rome. II. From the End of the Peloponnesian War to the Battle of Ipsus, Cambridge 1985

R. Meiggs, D. Lewis, A Selection of Greek Historical Inscriptions to the End of the Fifth Century B.C., Oxford 1969

P. J. Rhodes, R. Osborne, Greek Historical Inscriptions. 404–323 B.C., Oxford 2003

Werke des Demosthenes

C. Karvounis, *Demosthenes.* Reden zur Finanzierung der Kriegsflotte. Gegen Euergos und Mnesibulos. Gegen Polykles. Über den trierarchischen Kranz, Darmstadt 2008

W. Unte, *Demosthenes.* Politische Reden, Stuttgart 1985

J. H. Vince et al., *Demosthenes.* 7 Vols., Cambridge/ Mass., London 1930–1949 (Loeb Classical Library)

W. Waldvogel, *Demosthenes.* Rede über den Kranz, Stuttgart 1968

H. Wankel, *Demosthenes.* Rede für Ktesiphon über den Kranz. Kommentar in zwei Halbbänden, Heidelberg 1976

andere literarische Quellen

C. D. Adams, The Speeches of *Aeschines*, Cambridge / Mass., London 1919 (Loeb Classical Library)

R. Behrwald, *Hellenika* von Oxyrhynchos, Darmstadt 2005

H. Bengtson, Die *Staatsverträge des Altertums.* Band II. Die Verträge der griechisch-römischen Welt von 700–338 v. Chr., München ²1975

H. H. Schmitt, Die *Staatsverträge des Altertums.* Band III. Die Verträge der griechisch-römischen Welt von 338–200 v. Chr., München 1969

J. O. Burtt, Minor Attic Orators, Vol. II: *Lycurgus, Dinarchus, Demades, Hyperides*, Cambridge / Mass., London 1954 (Loeb Classical Library)

M. Chambers, *Aristoteles.* Staat der Athener, Berlin 1990

R. Develin, W. Heckel, *Justin:* Epitome of the Philippic History of Pompeius Trogus, Atlanta 1994

M. Dreher, *Aristoteles.* Staat der Athener, Stuttgart 1993

H. N. Fowler, *Plutarch.* Moralia Vol. X [*Ps.-Plut. X Orat.*], Cambridge / Mass., London 1936 (Loeb Classical Library)

P. Krentz, E. V. Wheeler, *Polyaenus.* Stratagems of War. Vol. I (Books I – V), Chicago 1994

C. Ley-Hutton, K. Brodersen, *Isokrates.* Sämtliche Werke. 2 Bde., Stuttgart 1993, 1997

M .D. MacLeod, *Lucian* Vol. VIII, Cambridge / Mass., London 1967 (Loeb Classical Library)

C. H. Oldfather et al., *Diodorus of Sicily:* Library of History. 12 Vols., Cambridge / Mass., London 1933 – 1967 (Loeb Classical Library)

G. Strasburger, *Xenophon.* Hellenika, München / Zürich 1970

S. Usher, *Dionysius of Halicarnassus.* Critical Essays Vol. I. Ancient Orators, Cambridge / Mass., London 1974 (Loeb Classical Library)

I. Worthington, A Historical Commentary on *Dinarchus.* Rhetoric and Conspiracy in Later Fourth-Century Athens, Ann Arbor 1992

W. Wuhrmann, K. Ziegler, *Plutarch.* Große Griechen und Römer. 6 Bde., München / Zürich 1954 – 1965

online-Ressource:

The Perseus Digital Library. Gregory Crane, Editor-In-Chief, Tufts University. http://www.perseus.tufts.edu/

Forschungsliteratur

Die mit einem * gekennzeichneten Bände wurden bereits als Lektüreempfehlungen zu den einzelnen Kapiteln genannt.

A. M. Adam, Philipp *Alias* Hitler. Greece and Rome 10 (1940 / 41), 105–113

E. Baltrusch, Außenpolitik, Bünde und Reichsbildung in der Antike, München 2008

*__P. Barceló__, Alexander der Große, Darmstadt 2007

B. Bleckmann, Der Peloponnesische Krieg, München 2007

A. B. Bosworth, Conquest and Empire: The Reign of Alexander the Great, Cambridge 1988

J. Buckler, Philip II and the Sacred War, Leiden / New York 1989

J. Buckler, Aegean Greece in the Fourth Century BC, Leiden / New York 2003

L. Burckhardt, Bürger und Soldaten: Aspekte der politischen und militärischen Rolle athenischer Bürger im Kriegswesen des 4. Jahrhunderts v. Chr., Stuttgart 1996

*__L. Burckhardt, J. v. Ungern-Sternberg__ (Hgg.), Große Prozesse im antiken Athen, München 2000

J. Cargill, The Second Athenian League. Empire or Free Alliance?, Berkeley / L.A. 1981

P. Carlier, Demosthène, Paris 1990

*__G. Cawkwell__, Philip of Macedon, London 1978

J. K. Davies, Athenian Propertied Families, 600 – 300 B.C., Oxford 1971

*__A. Dihle__, Griechische Literaturgeschichte. Von Homer bis zum Hellenismus, München ²1991

*__A. Dihle__, Die griechische und lateinische Literatur der Kaiserzeit. Von Augustus bis Iustinian, München 1989

*__M. Dreher,__ Hegemon und Symmachoi. Untersuchungen zum Zweiten Attischen Seebund, Berlin / New York 1995

*__E. Drerup__, Demosthenes im Urteile des Altertums, Würzburg 1923

*__B. Dreyer__, Untersuchungen zur Geschichte des spätklassischen Athen (322 v. Chr. – ca. 230 v. Chr.), Stuttgart 1999

*__W. Eder__ (Hg.), Die athenische Demokratie im 4. Jahrhundert v. Chr. Vollendung oder Verfall einer Verfassungsform? Akten eines Symposiums 3. – 7. August 1992 Bellagio, Stuttgart 1995

*__J. R. Ellis__, Philip and Macedonian Imperialism, London 1976

*__J. Engels__, Studien zur politischen Biographie des Hypereides. Athen in der Epoche der lykurgischen Reformen und des makedonischen Universalreiches, München ²1993

*__J. Engels__, Philipp II. und Alexander der Große, Darmstadt 2006

*__M. Errington__, Geschichte Makedoniens: von den Anfängen bis zum Untergang des Königreiches, München 1986

A. Erskine (ed.), Blackwell Companion to the Hellenistic World, Oxford 2003

M. Faraguna, Atene nell'età di Alessandro: problemi politici, economici, finanzieri, Rom 1992

*__K. Fittschen__ (Hg.), Griechische Porträts, Darmstadt 1988

*__P. Funke__, Homónoia und Arché. Athen und die griechische Staatenwelt vom Ende des Peloponnesischen Krieges bis zum Königsfrieden (404 / 3 – 387 / 6 v. Chr.), Wiesbaden 1980

*H.-J. Gehrke, Jenseits von Athen und Sparta. Das Dritte Griechenland und seine Staatenwelt, München 1986

M. Golden, Children and Childhood in Classical Athens, Baltimore 1990

L.-M. Günther, Griechische Antike (Studium Geschichte), Tübingen 2008

N.G.L. Hammond / G.T. Griffith / F.W. Walbank, A History of Macedonia. 3 Vols., Oxford 1972, 1979, 1988

N.G.L. Hammond, The Macedonian State. Origins, Institutions and History, Oxford 1989

*N.G.L. Hammond, Philip of Macedon, London 1994

*M.H. Hansen, Die athenische Demokratie im Zeitalter des Demosthenes. Struktur, Prinzipien und Selbstverständnis, Berlin 1995

V.D. Hanson, Wars of the Ancient Greeks, New York ²2004

E.M. Harris, Aischines and Athenian Politics, Oxford / New York 1995

*M.B. Hatzopoulos, L.D. Loukopoulos (eds.), Philip of Macedon, Athen 1980

W. Heckel, L. Tritle (eds.), Alexander the Great. A New History, Oxford 2009

S. Hornblower, The Greek World 479 – 323 B.C., London ³2002

*P. Hunt, War, Peace, and Alliance in Demosthenes' Athens, Cambridge 2009

*W. Jaeger, Demosthenes. Der Staatsmann und sein Werden, Berlin 1939 (= Demosthenes. The Origin and Growth of his Policy, Bd. XIII Sather Classical Lectures 1934, University of California, Berkeley / L.A. 1938)

*M. Jehne, Koine Eirene. Untersuchungen zu den Befriedungs- und Stabilisierungsbemühungen in der griechischen Poliswelt des 4. Jahrhunderts v. Chr., Stuttgart 1994

K.H. Kinzl (ed.), Blackwell Companion to the Classical Greek World, Oxford 2006

*L. Kolmer, Geschichtstheorien, Paderborn 2008

*G.A. Lehmann, Demosthenes von Athen. Ein Leben für die Freiheit, München 2004

*A. Lesky, Geschichte der Griechischen Literatur, Darmstadt ³1971

*D.M. MacDowell, Demosthenes the Orator, Oxford 2009

*H. Montgomery, The Way to Chaeronea. Foreign Policy, Decision-Making and Political Influence in Demosthenes' Speeches, Oslo 1983

*E. Pöhlmann, Einführung in die Überlieferungsgeschichte und in die Textkritik der antiken Literatur, I. Altertum, II. Mittelalter und Neuzeit, Darmstadt 2003 / 2008

*P.J. Rhodes, A History of the Classical Greek World. 478 – 323 BC, Oxford 2006

U. Schindel (Hg.), Demosthenes, Darmstadt 1987

W. Schmitz, Haus und Familie im antiken Griechenland, München 2007

R. Schulz, Athen und Sparta, Darmstadt 2003

*R. Sealey, Demosthenes and His Time. A Study in Defeat, Oxford 1993

P. Siewert, The Ephebic Oath in fifth-century Athens. JHS 97 (1977), 102 – 111

*R. Urban, Der Königsfrieden von 387/6 v. Chr. Vorgeschichte, Zustandekommen, Ergebnis und politische Umsetzung, Stuttgart 1991

P. Vidal-Naquet, Der Schwarze Jäger: Denkformen und Gesellschaftsformen in der griechischen Antike, Frankfurt 1989

*H. Volkmann, Die Massenversklavungen der Einwohner eroberter Städte in der hellenistisch-römischen Zeit, Stuttgart ²1990

*S. M. Walt, The Origins of Alliances, Ithaca/NY 1987

*K. N. Waltz, Theory of International Politics, Reading/MA 1979

*K.-W. Welwei, Das klassische Athen. Demokratie und Machtpolitik im 5. und 4. Jahrhundert, Darmstadt 1999

K.-W. Welwei, Sparta. Aufstieg und Niedergang einer antiken Großmacht, Stuttgart ²2007

H. van Wees, Greek Warfare. Myth and Realities, London 2004

*H.-U. Wiemer, Alexander der Große, München 2005

*W. Will, Athen und Alexander. Untersuchungen zur Geschichte der Stadt von 338 bis 322 v. Chr., München 1983

*G. Wirth, Philipp II. Geschichte Makedoniens Bd. 1, Stuttgart 1985

*H. J. Wolff, Demosthenes als Advokat, Berlin 1968

*I. Worthington (ed.), Demosthenes. Statesman and Orator, London 2000

*I. Worthington, Philip II of Macedonia, New Haven 2008

Glossar

agorá: Versammlungs- und Marktplatz; Zentrum des städtischen Lebens.

amphiktyonía: Kultgenossenschaft; auf ein Heiligtum bezogener Bund.

antídosis: (Klage auf) Vermögenstausch.

apoikía: Tochterstadt; Kolonie.

árchon*, Pl. *árchontes: Oberster Beamter.

Áreios págos: Areopag („Areshügel"); Sitz des Rates der ehemaligen Oberbeamten Athens; juristische und verfassungsrechtliche Kompetenzen.

ásty: Stadtgebiet Athens.

Attizismus: Literarische Stilrichtung in Rom des 1. Jh. v. Chr.; Rückgriff auf die athenischen Redner der klassischen Zeit; gerichtet gegen den **Asianismus**.

autonomía: Politische Unabhängigkeit.

boiotárchos*, Pl. *boiotárchoi: Einer der elf jährlich gewählten Leiter (auch militärisch) des Boiotischen Bundes.

boulé: „Ratsversammlung"; athenischer Rat der 500.

bouleutérion: Ratsgebäude (an der Westseite der athenischen *agorá*).

bouleutés*, Pl. *bouleutaí: Mitglied der Ratsversammlung.

chlamýs: Umhang; Mantel.

chóra: Landgebiet (Attikas).

choregía: Freiwillige Übernahme der Ausstattung einer Choraufführung.

démos: 1. „Volk“; 2. „Gemeinde“ (= **Deme**; Bezirke Athens und Attikas).

demokratía: „Herrschaft des Volkes“: Politische Entscheidungen fallen in der Volksversammlung.

diallaktés: „Schiedsrichter“.

dikastérion: Geschworenengericht; Kollegialgericht.

dikastés*, Pl. *dikastaí: „Richter“; Geschworene.

dokimasía: Zivilrechtliche Eignungsprüfung (der Amtstauglichkeit).

eisphorá; proeisphorá: Direkte Vermögenssteuer; Vorauszahlung derselben.

eleuthería: Freiheit.

ekklesía: „Versammlung“; athenische Volksversammlung.

ephebeía: Zweijähriger ‚Grundwehrdienst‘ in Athen.

epidósis*, Pl. *epidóseis: Freiwillige Abgabe an den athenischen Staatshaushalt.

epimeletés: „Aufseher“; Statthalter.

epistátes toú nautikoú: Vorsteher über das Flottenwesen.

epitáphios: Gefallenenrede.

Etesien: Starke Sommerwinde aus Norden, die es antiken Ruder- und Segelschiffen im Juli / August erschwerten bis unmöglich machten, die Nordägäis zu erreichen.

éthnos; éthne: Stammesgemeinschaft.

eúthynai: Prüfung der Amtsführung.

face-to-face society: Personal geprägtes Gesellschaftskonzept in vorindustriellen Dorf- und kleineren städtischen Gemeinschaften.

gerousía: Spartanischer Ältestenrat.

grammatikós: Weiterführender Sprachlehrer.

graphé paranómon: Paranomieklage; gerichtet gegen einen Antrag, der gegen geltendes Recht oder geltende Verfahrensvorschriften verstößt.

gymnasiarchía: Freiwillige Übernahme der Ausstattung und Unterhaltung eines *gymnásion* samt Trainer.

gymnásion: Sportübungsplatz.

hegemón*, Pl. *hegemónes: „Anführer“; Befehlshaber.

heliaía: Athenische Geschworenengerichtsbarkeit; Gesamtheit aller Dikasterien.

hierá chóra: Den Göttern geweihter Boden; Verbot der Nutzung.

hieroí pólemoi: Heilige Kriege (der Delphischen Amphiktyonie).

hieromnémon*, Pl. *hieromnémones: Vertreter der einzelnen *éthne* im Amphiktyonenrat.

hierós lóchos: „Heilige Schar“ (militärische Eliteeinheit) Thebens.

hikétes: „Schutzflehender“; Asylsuchender.

ho epí tés dioikéseos: Verwalter aller öffentlichen Ausgaben.

hoi epí tó theorikón: Verwalter der (zivilen) „Schaugeld“-Kasse.

homoíoi: „Die Gleichen“; Bezeichnung für die Spartiaten (lakedaimonische Vollbürger).

hoplítes*, Pl. *hoplítai: Schwerbewaffneter Fußsoldat.

hypomosía: Vorübergehende Aussetzung eines Gesetzes oder Beschlusses, solange eine **Paranomieklage** dagegen erhoben ist.

isonomía: Gleichheit vor dem Gesetz.

kleroúchos*, Pl. *kleroúchoi: Bürgerkolonist.

koiné eiréne: Allgemeiner Friede.

koinón*, Pl. *koiná: Föderatives Bundessystem.

kómos: Festlicher, bes. dionysischer Umzug.

kosmetés*, Pl. *kosmetaí: „Ordner"; Verwaltung der Epheben.

leiturgía: Freiwillige finanzielle Leistung in Form einer Steuer.

lexiarchikón grammateíon: Bürgerliste.

logográphos*, Pl. *logográphoi: Schreiber von Prozessreden.

medismós: Straftatbestand: Parteinahme für die medische = persische Seite.

merismós: Finanzetat der athenischen *pólis*.

métoikos*, Pl. *métoikoi: Metöke; nichtathenischer Mitbürger.

nauárchos: Flottenbefehlshaber.

nomophylakía: Aufsicht über die Gesetze; Amt eines Gesetzeswächters.

oikouméne: Die den Griechen bekannte Welt in ihrer räumlichen Ausdehnung.

parapresbeía: Truggesandtschaft; Gesandtschaftsverrat.

parrhesía: Redefreiheit.

paídotribes*, Pl. *paídotribai: Trainer im *gymnásion*.

pezhétairoi: Makedonische „Gefährten" (*hetaíroi*) zu Fuß; Gardesoldaten.

phálanx; loxé phálanx: Schlachtreihe, Schlachtordnung; „Schiefe Schlachtordnung".

philotimía: Ruhmsucht.

phóros*, Pl. *phóroi: Tribute der athenischen Bundesgenossen (Delisch-Attischer Seebund).

phylé*, Pl. *phylaí: Personale Binnenorganisation der athenischen *pólis* mit erblicher Zugehörigkeit.

pleonexía: Das „Mehrhabenwollen"; Habgier.

pólis*, Pl. *póleis: Antiker Stadtstaat; zeichnet sich durch gemeinsame Kult- und Versammlungsorte aus; zumeist von Mauern begrenzt.

polyándrion: Allgemeiner Begräbnisplatz.

Popularklage: *graphé* („Klageschrift") ***ho boulómenos*** („jeder, der will"); sicherte auch nichtbetroffenen Vollbürgern das Klagerecht anstelle des Geschädigten zu.

próstagma*, Pl. *prostágmata: Anordnung, Befehl.

prýtanis*, Pl. *prytáneis: „Vorsteher"; „Erster"; „Herrscher"; in Athen Mitglied des geschäftsführenden Ausschusses (kollegiale Prytanie) des Rates der 500 (*boulé*); pro Amtsjahr 10 Prytanien à 50 Mitglieder.

prytaneíon: Amtsgebäude der Prytanen auf der *agorá*; Rundgebäude (*Thólos*).

pséphisma*, Pl. *psephísmata: Dekret; Beschluss der Volksversammlung (im Gegensatz zu ***nómos, nómoi*** = Gesetz).

pylágoros*, Pl. *pylágoroi: Ratgeber des jeweiligen *hieromnémon* im Amphiktyonenrat.

sitónes: Amt des offiziellen Getreideeinkäufers der *pólis* Athen.

***sophronistés*, Pl. *sophronistaí*:** „Zuchtmeister" der Epheben.

***strategós*, Pl. *strategoí*:** „Heerführer"; militärisches Oberamt: in Athen 10 Strategen (Wahl in jeder der 10 *phylaí*).

***strategós autokrátor*:** (Oberster) Heerführer mit unumschränkter Vollmacht.

***stratiotikón*, Pl. *stratiotiká*:** Athenische Kriegskasse.

***symmachía*:** Abmachung, „gemeinsam zu kämpfen"; Bündnis.

***sýmmachos*, Pl. *sýmmachoi*:** Bündner.

***symmoría*, Pl. *symmoríai*:** Steuergruppe.

***synégoros*, Pl. *synégoroi*:** Rechtsbeistand.

***synhédrion*:** Bundesversammlung.

***sýntaxis*, Pl. *syntáxeis*:** Steuer der athenischen Bundesgenossen (Zweiter Athenischer Seebund).

***tagós*:** Thessalisches Oberamt; einem *árchon* gleichgesetzt.

***tamías (ton stratiotikón)*:** Schatzmeister (der Kriegskasse).

***télos*:** Vollendung; Ziel. Davon abgeleitet „teleologisch": auf ein Ziel / Zweck hin gerichtet.

***thalassokratía*:** Seeherrschaft.

***theorikón*, Pl. *theoriká*:** Athenische Schaugeldkasse.

***theoroí*:** Sakralgesandte.

***thesmothétes*, Pl. *thesmotétai*:** „Rechtssetzer"; zuständig für die Organisation des Gerichtswesens; eins der zivilen Oberämter der *pólis*.

***trierarchía; syntrierarchía*:** Freiwillige Übernahme der Ausstattung und Unterhaltung einer Triere; Teilung der kostspieligen *leiturgía*.

Athenisches Geldsystem (5. Jh. v. Chr.):

1 Talent (*26,196 kg Silber*) = 60 Minen = 6000 Drachmen

1 Mine = 100 Drachmen = 600 Obolen

1 Drachme (*4,37 g Silber*) = 6 Obolen

Abbildungsnachweise

Abb. 1: Karte „Attischer Seebund", in: Der Neue Pauly. Enzyklopädie der Antike. Bd. 2: Ark-Ci. Herausgegeben von Hubert Cancik und Helmuth Schneider. Sp. 255 f. ©1997 J. B. Metzlersche Verlagsbuchhandlung und Carl Ernst Poeschel Verlag GmbH in Stuttgart.

Abb. 2: Karte „Makedonia", in: Der Neue Pauly. Enzyklopädie der Antike. Bd. 7: Lef-Men. Herausgegeben von Hubert Cancik und Helmuth Schneider. Sp. 729 f. ©1999 J. B. Metzlersche Verlagsbuchhandlung und Carl Ernst Poeschel Verlag GmbH in Stuttgart.

Abb. 3: Eirene mit Plutosknaben, Glyptothek München, römische Kopie nach der griechischen Bronzestatue (Inv. 219).

Abb. 4: Philipp II. in der Rekonstruktion durch das Manchester Museum Team. Courtesy of The Manchester Museum, The University of Manchester.
Abb. 5: Schlacht bei Chaironeia (338 v. Chr.), aus: Ian Worthington, Philipp II of Macedonia, NewHaven / London: Yale University Press 2008, Map. 6, p. 148.
Abb. 6: Statue des Demosthenes, Ny Carlsberg Glyptotek, Kopenhagen, römische Kopie nach der griechischen Bronzestatue (Inv. 2782).

Personenregister

Sachregister